습관이 답이다

CHANGE YOUR HABITS, CHANGE YOUR LIFE:
Strategies that Transformed 177 Average People into Self-Made Millionaires
by Tom Corley

평범한 177명을 백만장자로 만든 21일 습관 바꾸기 프로그램

습관이 ⚡ 답이다

톰 콜리 지음 | **김정한** 옮김

이터

습관이 쌓여
인생이 된다

● 나는 거의 5년에 걸쳐 233명의 부유한 사람들과 128명의 가난한 사람들이 가진 습관을 연구했다. 연구의 초점은 부유한 사람(연소득 약 1억 7400만 원 이상 혹은 순유동자산 약 34억 8000만 원 이상)과 가난한 사람(연소득 약 3800만 원 이하 혹은 순유동자산 약 544만 원 이하)들에게 맞추고 300여 개의 행동습관, 사고습관, 결정습관 등을 규명했다.

이 연구를 통해 습관이 인생을 성공으로 이끌지 실패로 이끌지 결정한다는 사실을 발견했다. 그것은 평범한 사람들과 자수성가한 백만장자를 구분하는 습관들이었다. 그 내용을 소개한 것이 바로 이 책이다. 이 책은 습관이 당신의 삶을 어떻게 형성하는지 알려줄 것이다. 그리고 최근 밝혀진 획기적인 과학 성과들을 바탕으로 습관을 바꾸는 법을 소개한다.

당신이 어떤 믿음을 가지고 있든, 당신에게는 자기 인생의 환경을 변화시킬 능력이 있다. 당신은 평범한 사람에서 성공한 사람으로 탈바꿈할 수 있다. 서민에서 부자로 바뀔 수 있다. 당신은 과거나 현재의 환경에 얽매여 불변의 인생을 살아야 할 필요가 없다. 환경은 변할 수 있다. 하지만 환경을 변화시키려면 3가지가 필요하다. 기술과 지식의 성장, 집중력 그리고 끈기다.

이 책의 습관 바꾸기 프로그램을 따라 하면 당신은 성공에 필수적인 3가지 특징을 저절로 갖추게 될 것이다. 습관은, 정확하게 정의하자면 '끊임없이 지속되는 일상'이다. 좋은 습관을 채택하면 기술과 지식이 성장한다. 좋은 습관은 하루하루 성공을 추구하는 데 집중할 수 있게 해준다. 성공이 자동으로 이루어지도록 해주는 것이다. 좋은 습관을 하나씩 하나씩 인생에 추가하면 누적 효과가 생긴다. 그래서 습관을 쌓는 것은 성공을 위한 투자와 같다. 중요한 것은 부자가 되는 습관이 가난해지는 습관을 이겨야 한다는 것이다.

우리는 부유한 사람들의 발자취를 따라 걸을 것이다. 그들의 삶을 평범한 삶에서 특별한 삶으로 변화시키는 데 도움을 준 습관들을 실제로 보고 이해하기 위해 그들의 일거수일투족을 살펴본다.

이 책이 더욱 특별한 것은 습관을 바꾸는 지름길까지 알려준다는 데 있다. 그것은 바로 뇌를 속여서 습관을 바꾸는 전략이다. 습관을 바꾸려고 뇌와 싸우는 대신 뇌와 파트너가 되면 습관은 바로 바뀐다.

습관을 통제할 수 있게 되면 내 인생에 대한 주도권이 생긴다. 자기 인생을 통제한다는 느낌을 갖는 것은 행복해지는 데 매우 중요한 요소다(시카고대 '종합사회조사', 2014년). 새로운 습관은 당신을 성공으로 이끌어주는 것은 물론 행복에 이르는 길로도 안내해줄 것이다. 당신의 인생은 절대로 지금과 똑같지 않을 것이다. 모든 것이 더 좋아질 것이다.

많은 사람이 이런 습관을 배우지 못하고 가난 속에서 말년을 보낸다. 하지만 당신은 아니다. 이 책에 시간과 돈을 투자했기 때문이다. 설사 이 책을 읽고 배운 점이 하나도 없다고 해도, 미국 인구의 1% 미만도 안 되는 사람들만 지닌 지식을 소유하게 될 것이다. 미국 국세청의 최신 자료에 따르면, 1%는 연간 소득이 43만 달러(약 4억 8000만 원) 이상 되는 사람들이다. 그러니까 우리도 해보자.

차례

PART 05 21일 습관 바꾸기 프로그램

PART 01

모든
습관에는
결과가
따른다

좋은 습관을 가졌다면 무의식적으로 좋은 습관을 통해 좋은 재정, 건강, 정신 상태로 가득한 삶을 만들어낸다. 반면 나쁜 습관을 가졌다면 나쁜 재정 상태, 건강 악화, 좌절, 불행 등이 가득한 삶을 만들어낸다.

사소한 습관이
오늘의 나를
만들었다

● 나는 왜 가난한가? 많은 사람이 머리를 긁적이면서 내가 뭘 잘못하고 있는지 의아해한다. 혹은 내 환경과 다른 사람만을 탓하며 청승을 떤다. 그렇게 하루 벌어 하루 쓰며 그럭저럭 살아간다. 지금 나의 처지가 습관에서 비롯되었다는 것을 실감하지 못한다. 습관은 무의식적인 행동이기 때문이다. 그러나 사실은 모든 성공과 실패의 배후에 습관이 있다.

우리가 살면서 습득하는 습관은 좋은 습관일 수도 있고 나쁜 습관일 수도 있다. 좋은 습관을 가졌다면 무의식적으로 좋은 습관을 통해 좋은 재정, 건강, 정신 상태로 가득한 삶을 만들어낸다. 반면 나쁜 습관을 가졌다면 나쁜 재정 상태, 건강 악화, 좌절, 불행 등이 가득한 삶을 만들어낸다. 그것은 우울증, 인간관계 문제, 재정적 고통의 원인이 된다. 따라서 인생을 변화시키려면 좋은 습관을 채택하고 나쁜 습관을 제거해야 한다. 어떤 습관을 채택해야 하는지 알려면 먼저 가난해지는 습관이 무엇인지 파악해야 한다. 비참한 인생을 만들어내는 최악의 습관 10가지가 있다.

① 도박: 이는 다른 말로 하면 땀을 흘리지 않고 얻는 성공을 추구하는 것이다. 빨리 부자가 될 수 있는 방법은 없다. 경제적으로 성공을 거두려면 시간이 걸리고 계획이 필요하며 불굴의 노력도 요구된다. 도박을 하는 사람들은 성공에 지름길이 있다는 생각에 현혹된 사람들이다. 내 연구에 등장하는 가난한 사람들 중 52%는 최소한 일주일에 한 번은 스포츠 도박을 하며 77%는 매주 로또를 구입했다. 자수성가한 백만장자들은 도박을 하지 않는다. 내 연구에서 보면 84%는 스포츠 도박을 하지 않았고, 94%는 로또를 구입하지 않았다. 도박에서 승리할 확률은 아주 적다. 자수성가한 백만장자들은 어떠한 벼락 성공도 추구하지 않는다. 대신 그들은 자신의 꿈과 목표를 추구하는 습관을 만든다.

② 과음: 내 연구에 등장하는 가난한 사람들의 54%는 매일 두 잔 이상의 맥주나 와인, 혹은 다른 술을 마셨다. 내 연구에 등장하는 백만장자들 중 84%는 그보다 적게 마셨다. 더 나쁜 것은 가난한 사람들 중 60%가 최소한 한 달에 한 번은 취한다는 점이었다. 음주를 하면 뇌세포 속의 신경수용체를 막아 오작동시키거나 전혀 작동을 못하게 만든다. 이는 기억은 물론이고 명확히 생각하는 능력에도 영향을 미친다. 음주는 칼로리 섭취도 크게 늘리며 시간이 지나면 과체중과 비만의 원인이 된다.

③ 과도한 TV 시청: 내 연구에 등장하는 가난한 사람들 중 77%는 매일 1시간 이상 TV를 봤다. 내 연구에 나오는 자수성가한 백만장자들 중 67%는 TV 시청 시간이 하루 1시간이 안 되었다. TV 시청은 시간낭비다. 또한 TV 시청으로 인한 무기력은 건강에도 해롭다. 페이스북, 트위터, 유튜브를 비롯해 새롭게 등장하는 SNS가 TV 시청을 대신하고 있다. 하지만 이 역시 가난해지는 습관이다. 시간을 생산적으로 쓰는 것이 자수성가한 백만장자들의 특징이다. 시간낭비는 가난한 사람들의 특징이다.

④ 부정적인 태도: 내 연구에 등장하는 가난한 사람들 중 78%는

부정적인 태도를 지니고 있었다. 반면 자수성가한 백만장자들 중 54%는 긍정적인 태도를 가지고 있었다. 부정적으로 생각하는 습관을 가지고 있으면 인생에서 성공하지 못한다. 모든 것을 부정적으로 바라보면 인생에도 부정적인 것들이 더 많이 끼어든다. 그러면 뇌의 망상 활성계RAS와 해마는 생각과 부합하는 실체를 제공하려고 한다.

 '나는 돈이 많지 않아'라고 생각하면 이 생각이 은밀하게 RAS와 해마에 지시해서 돈이 많지 않은 것을 확인시키는 일을 하도록 이끈다. '나는 운이 나빠'라는 생각은 정말로 불운을 추구하게 한다. '내 뜻대로 되는 것이 하나도 없다'고 생각하면 RAS와 해마가 밤낮으로 작동해 정말로 모든 것이 뜻대로 이루어지지 않게 된다. '사람들이 비열하다'는 생각을 하면 비열한 사람들과 어울리게 된다. '나는 아무도 믿지 않아'라는 생각은 뇌 속의 RAS와 해마에 지시를 내려 신뢰하지 못할 사람을 찾게 만든다. '부자들은 악하다'라고 생각하면 당신은 절대로 부자가 되지 못한다. '나는 태생적으로 가난하다'고 생각하는 것은 부정적이고 제한적인 믿음으로, 당신이 계속 가난하게 지내도록 RAS와 해마를 프로그래밍한다.

 "나는 (   ) 할 수 없다." (빈 칸을 채워보라)

"나는 명석하지 못하고 학력도 낮다."

"내가 가난한 것은 부자들이나 정부 때문이다."

더 많은 예를 들 수도 있다. 무슨 뜻인지 알 것이다. 부정적인 생각이 당신의 사고를 지배하도록 놓아두면 당신의 뇌는 실패하도록 프로그래밍 된다. 그러면 현재의 재정 상태나 삶의 환경에서 벗어날 가능성은 사라진다. 이 부정적인 생각들은 믿음이 되고 컴퓨터 프로그램처럼 작동하게 된다. 더 안 좋은 것은 자녀가 있을 경우 그들이 당신의 부정적인 사고방식을 답습해 성인이 되어 고생하게 된다는 것이다. 그래서 '가난한 사람이 더 가난해진다(빈익빈)'는 말이 어느 정도는 사실인 것이다.

⑤ 독서하지 않기: 내 연구에서 다루는 가난한 사람들 중 92%는 배움을 위한 독서를 하지 않았다. 책을 읽는 사람들 중 79%는 오락적인 책을 읽었다. 성공을 하려면 성장이 필요하다. 성장은 매일 하는 독서와 스스로 하는 학습에서 나온다. 인생에서 성공하고 싶다면 매일 자기계발을 위한 독서에 힘써야 한다.

⑥ 해로운 사람들과 어울리기: 내 연구 대상인 가난한 사람들 중 단 4%만이 성공 지향적인 사람들과 친분관계가 있었다. 96%는

부정적이고 해로운 사람들과 어울려 지냈다. 자기 주변에 제대로 된 사람들이 있어야만 인생에서 성공하는 법이다.

⑦ 하나의 소득원: 가난한 사람들은 소득원이 하나다. 달걀을 한 바구니에 담고 있는 것이다. 일반적으로, 그 유일한 소득원은 직업이다. 직업을 잃으면 유일한 소득원도 사라진다.

⑧ 인생 무계획: 내 연구에 등장하는 가난한 사람들 중 95%는 인생 계획이 없었다. 그들은 미래에 대한 청사진을 그리는 시간을 갖지 않았다. 성공은 과정이다. 그것은 당신이 바라는 인생을 그린 대본을 쓰는 것에서 시작한다. 그 대본은 성공을 위한 청사진이된다. 그것은 장기적인 목표를 정하는 데도 도움이 된다. 청사진이 없다면, 장기적인 목표가 없다면 우리는 가을날 정처 없이 휘날리는 낙엽과도 같다.

⑨ 버는 돈보다 더 많이 쓰기: 내 연구에 등장하는 가난한 사람들 중 95%는 저축을 하지 않았으며, 대부분은 생활비 때문에 빚을 지고 있었다. 결국 그들에게는 은퇴자금도, 자녀의 대학 학자금도, 기회를 대비해 뭔가를 준비할 자금도 없었다. 88%는

신용카드 빚이 5000달러(약 540만 원)가 넘었다. 저축하지 않고 버는 것보다 더 많이 쓰면 결국 가난해지며, 거기에서 벗어날 길이 없다.

⑩ 가난해지는 건강습관: 내 연구의 대상인 가난한 사람들 중 77%는 운동을 하지 않았다. 97%는 매일 300kcal 이상의 정크푸드를 먹었다. 69%는 일주일에 3~4회 패스트푸드점에서 식사를 했다. 86%는 매일 치실을 사용하지 않았다. 69%는 일주일에 2번 이상 단것을 먹었다. 53%는 매일 수면 시간이 7시간이 안 되었다. 66%는 표준 체중보다 14kg이 더 나갔다. 가난해지는 건강습관은 불운을 만든다. 불운은 결국 가난해지는 습관, 가난해지는 행동, 나쁜 결정에서 나오는 부작용이다. 또한 불운은 당뇨, 심장질환, 암, 고혈압 등 각종 병과 장애로 이어진다.

지금까지 나열한 습관들이 하나도 낯설지가 않다고? 걱정할 것 없다. 사람은 모두 자신을 후퇴시키는 나쁜 습관을 지니고 있다. 이제부터라도 나쁜 습관은 버리고 좋은 습관으로 대체하면 인생을 바꿀 수 있다. 그러기 위해서는 우선 습관이 어떻게 만들어지며, 어떻게 작동하는지를 알아야 한다.

습관은
과학이다

● 습관은 뇌에서 다스린다. 우리 뇌 속에는 '둘레계통'이라고 하는 뇌의 깊숙한 곳이 있고, 그곳에 '바닥핵'이라고 불리는 신경세포체 집단이 있다. 쉽게 말해 바닥핵은 골프공만 한 뇌세포 덩어리다. 바닥핵은 습관을 통제하는 중앙컴퓨터와 같으며, 바닥핵의 주요 임무는 습관들을 감독하는 것이다.

바닥핵은 지속적으로 서로 잡담을 나누는 뇌세포들을 발견하면 이 세포에 '습관'이라는 이름표를 붙인다. 결국 습관은 빈번하게 의사소통하는 특정 뇌세포들에 다름 아니다. 여기서 핵심은 '빈번하다'는 데 있다. 서로 대화를 나누는 뇌세포들은 결혼하는 것과 같다. 일부 뇌세포들은 평생을 붙어 지내기도 한다. 세포 사이의 접합 부위를 '신경 접합부(시냅스)'라고 부른다. 뇌세포들 사이의 대화가 빈번할수록 신경 접합부는 더욱 강해진다.

당신의 습관은 난데없이 나타난 것이 아니다. 습관은 주로 삶에서 만들어가는 인간관계, 교육, 경험, 환경 등에서 나와, 수년간 반복되는 행동과 생각으로 형성된다. 부모, 멘토, 독서(비공식 교육), 역경(시행착오), 공식 교육, 문화, 환경, 형제자매, 배우자나 중요한 인물, 친구, 동창, 직장동료, 조부모, 장인 장모(배우자나 중요한 인물의 가족), 팀원, 공인(명사, 운동선수, 유명인 등) 등이 습관을 형성하는 데 일조한다.

뇌세포에 '습관' 이름표를 붙인 바닥핵은 이제 활동을 지시한다. 바닥핵은 습관이 활동을 시작할 기회가 보이면 뇌의 앞부분에 그 신호를 전달한다. "습관을 시작하라!"는 신호다. 신호를 받은 뇌 앞부분은 뇌세포에 명령을 보내고, 그러면 습관 뇌세포는 우리가 습관적인 행동을 하도록 지시한다. 일단 이 세포가 작동되면 우리는 무의식적으로 어떤 행동, 생각, 결정 등을 하게 된다. 습관은 의식의 레이더 바로 밑에 잠복해 있다.

뇌는 왜 이런 일을 하는 걸까? 습관은 왜 그렇게 뇌에 중요한가?

습관이란 무의식적인 행동이나 생각이며, 무의식적인 선택이다.

그래서 습관이 되면 우리는 일일이 생각하지 않고도 일을 할 수 있게 된다. 뇌가 일을 덜할 수 있게 되고, 그러면 에너지를 비축할 수 있는 것이다. 습관은 에너지를 아끼려는 우리 몸의 지혜다.

반면 의식적인 행위를 할 때는 뇌가 다량의 포도당과 산소를 소모한다. 우리 몸에서 뇌를 포함한 모든 세포에 공급되는 연료가 포도당이다. 우리가 먹은 음식은 마지막에 포도당으로 전환되거나 나중에 사용하기 위해 지방이나 근육에 저장된다. 포도당은 각각의 세포를 통과하며, 한번 세포 안에 들어가면 분해되어 연료로 사용된다.

포도당을 세포 연료로 전환하기 위해서는 산소가 필요하다. 무게 1.6kg밖에 되지 않는 뇌는 몸 전체의 포도당과 산소 중에서 무려 20%를 매일 소모한다. 그런데도 다른 신체와 달리 뇌는 포도당을 지방이나 근육에 저장하지 못한다. 그렇기 때문에 포도당은 뇌에 귀중한 연료다. 습관은 그렇게 귀중한 연료를 아낄 수 있게 도와주는 것이다. 습관은 정말 놀라운 발명품이다.

습관은
대를 이어
흐른다

● 우리가 삶에서 얻는 습관의 가장 큰 근원은 부모다. 여러 연구결과에 따르면 우리는 많은 습관을 최초의 롤모델인 부모에게서 물려받는다. 아이들은 부모의 행동을 지켜보고 좋건 나쁘건 그 행동을 모방한다. 이런 현상은 신경학과 일부 관계가 있다. 우리 뇌에는 '거울신경'이라는 것이 있어 아이들이 부모의 행동과 감정을 흉내 내도록 돕는다.

아이들이 부모를 흉내 내는 데는 환경의 영향도 있다. 아이들은 늘 부모의 말을 듣고 부모의 행동을 지켜보게 된다. 결국 어떤 습관은 아이들에게 강요될 수밖에 없다. 예를 들어 부모가 특정한 행동을 지시하거나 부추길 때도 있다. 미국 브라운대 산하 뉴잉글랜드 아동심리학 센터의 프레스먼 박사가 미국의 5만 가구를 대상으로 진행한 연구에 따르면 아동기에 형성된 습관은 아홉 살 이후 크게 달라지지 않는다(《미국 가족 심리치료 요법 저널》, 2014년).

아이들은 성인이 되어서야 비로소 어린 시절에 생긴 습관에서 벗어날 수 있게 된다. 새로운 환경, 직장 생활의 멘토, 교육 혹은 역경이라는 배움을 통해 새로운 습관이 형성되는 것이다.

부자들의 습관에 관한 내 연구에서 다룬 사람들 역시 대부분의 습관을 부모에게서 얻었다. 그리고 그 습관은 성인이 되어 부유해지거나 가난해지는 경로에 자기도 모르게 영향을 끼쳤다. 그렇기 때문에 부모는 자녀에게 성공적인 멘토가 되어 좋은 습관을 가르치고 인생에서 성공하도록 도울 수 있다.

자녀를 성공한 백만장자로 키운 부모들에게는 공통점이 있었다. 그것은 바로 좋은 습관이다. 그들의 자녀가 성공한 것은 우연이 아니다. 나의 연구에서도 자수성가한 백만장자들 중 75%는 부모에게서 좋은 습관을 배웠다. 그리고 부모 중 적어도 한쪽이 이들에게 성공하는 습관을 가르쳐줬다. 대표적인 사례는 다음과 같다.

- **워런 버핏:** 버핏의 아버지는 주식 거래인이었다. 버핏이 세계에서 가장 유명한 가치 투자자가 된 것은 우연이 아니다. 그의 멘토는 바로 아버지였다.
- **케네디가(家):** 조셉 케네디는 매우 성공한 정치인이었으며 아들인 존 F. 케네디, 바비 케네디, 테디 케네디 등에게 멘토 역할을 했다.
- **켄 그리피 주니어:** 역사상 최고의 야구선수인 그리피 주니어는 프로 야구선수였던 아버지 켄 그리피(뉴욕 양키즈 소속)에게 멘토링을 받았다.
- **빌 벨리치크:** 벨리치크의 아버지는 해군에서 33년간 미식축구 감독으로 일했다. 그는 세 살 때부터 아버지의 무릎에 앉아 미식축구 경기를 봤다.

우리가 부모에게 습관을 물려받았듯, 우리도 우리 자녀들에게 습관을 물려준다. 심지어 DNA를 통해 습관을 물려줄 수도 있다.

사람의 몸에는 약 100조 개의 세포가 있다. 각각의 세포 안에는 핵이 있고 핵 안에는 유전자가 있다. 전문가들은 인간이 평균 2400개의 유전자를 가지고 있다고 추정한다. 일부는 어머니에게서, 일부는 아버지에게서 받은 것이다.

습관은 유전자를 살아나게도 하고 죽이기도 한다(《뇌 사용자 매뉴얼 The Owner's Manual for the Brain》, 하워드, 2014년). 나쁜 습관은 좋은 유전자를 비활성화하고 나쁜 유전자는 활성화한다. 살면서 어떤 유전자가 활성화되거나 비활성화되는 것을 '유전자의 발현'이라고 한다.

나쁜 습관은 금전 문제, 실직, 건강 이상 등을 일으키며 장기적인 스트레스를 유발할 수 있다. 장기적인 스트레스는 코르티솔, 즉 스트레스 호르몬을 증가시킨다. 그리고 코르티솔은 도미노 효과처럼 나쁜 유전자들을 깨워 심장질환, 암, 면역질환 등을 일으킬 수 있다. 나쁜 유전자를 활성화하는 나쁜 습관이 어떤 것인지 우리는 이미 알고 있다. 과음, 마약, 정크푸드 등이 나쁘다는 건 누구나 안다. 운동을 하지 않으면서 당분을 과다 섭취하고 뇌를 사용하지 않으며 부정적으로 생각하는 등이 모두 나쁜 습관이다.

반대로 좋은 습관은 나쁜 유전자를 비활성화하고 좋은 유전자를 활성화한다. 좋은 습관은 재정적 독립, 행복, 건강 등의 결과를 불러와 스트레스를 줄여준다. 독서나 새로운 기술의 습득은 IQ를 높여주는 유전자를 활성화한다. 매일의 유산소운동은 심장질환, 천식, 면역질환 등을 예방하는 유전자들을 활성화한다. 긍정적인 사고와 감정은 뇌의 화학 작용을 변화시키고 유전자 발현을 늘리거나 줄인다.

이처럼 습관은 DNA도 바꿀 수 있다. 이는 단지 당신에게만 중요한 것이 아니다. DNA가 바뀌면 변화된 DNA를 자녀에게도 전달해줄 수 있다. 나의 습관이 내 인생뿐 아니라 내 자녀들의 미래에도 영향을 미치는 것이다. 습관은 그래서 중요하다.

습관이 작동하는
결정적인
순간들

● 지금 자녀를 차에 태우고 어딘가에 가고 있다고 상상해보자. 그런데 갑자기 아이가 "맥도날드! 맥도날드에 가고 싶어"라고 소리친다. 아이는 방금 맥도날드 간판을 본 것이다. 그 즉시 아이는 맛있는 맥너겟을 떠올렸다. 당신은 맥도날드로 방향을 돌리고, 맥도날드 매장 안으로 들어간다. 아이는 맥너겟을 잔뜩 먹는다.

이것이 바로 습관이 작동하는 과정이다. 아이가 맥도날드를 외치는 익숙한 상황에서 차를 돌린 것은 '신호'다. 이것을 바닥핵은 습관을 작동시키라는 신호로 받아들인다. 그래서 바닥핵은 '습관' 대로 맥도날드 매장에 들어가라고 우리에게 지시한다. 그 결과 아이는 맥너겟을 먹는 '보상'을 얻는다. 신호→습관→보상으로 이어지는 일련의 과정은 찰스 두히그의 《습관의 힘The Power of Habit》에 잘 설명되어 있다.

이 과정은 모든 습관에서 반복된다. 맥도날드 간판 대신 커피 통을 보는 순간이 될 수도 있다. 바닥핵은 습관대로 하라는 신호로 받아들이고, 습관대로 커피를 타게 만들며, 우리는 커피를 마시는 보상을 받는다. 금요일 퇴근 후 맥주나 와인을 마시는 습관, 컴퓨터를 켜면 이메일을 확인하는 습관도 마찬가지로 이런 과정으로 진행된다.

맥도날드 간판이나 커피 통처럼 우리 주변에는 습관이라는 총알을 발사하는 방아쇠가 있다. 다른 말로 도화선이라고도 할 수 있다. 바닥핵은 습관에 시동을 걸기 위해 늘 우리 생활 속에서 계기를 찾는다. 방아쇠가 당겨지면 무의식적으로 습관이 작동한다.

맥도날드 간판이나 커피 통은 시각적 방아쇠다. 이것은 습관을 시작하라고 외치는 네온사인과 같다. 맥주를 마시고 싶게 만드는 맥주 광고나 과자를 광고하는 매력적인 여자 역시 마찬가지다.

뭔가를 듣는 것도 습관에 시동을 걸 수 있다. 알람시계가 울리는 것은 일어나서 하루를 시작하는 방아쇠가 된다. 이메일 신호음이 들리면 이메일을 확인하라는 방아쇠가 된다. 아기가 우는 소리가 들리면 기저귀를 갈거나 먹을 것을 주라는 신호다.

아침, 오후, 저녁이라는 시간 또한 습관에 시동을 거는 방아쇠다. 아침이 되면 커피 마시기, 양치질하기, 샤워하기, 화장실 가기 등 아침습관에 시동을 건다. 오후가 되면 점심 먹기, 잡담하기, 독서하기, 인터넷 하기, 전화하기 등 오후습관에 시동을 건다. 저녁이 되면 저녁 먹기, TV 시청하기, 독서하기 등 야간의 습관에 시동을 건다.

스트레스도 습관을 시작하게 만들 수 있다. 스트레스는 뇌를 압도하며, 지나치게 많은 에너지를 소모한다. 이를 보상하기 위해서 바닥핵은 일을 하느라 애를 먹는다. 그래서 뇌 연료를 보존하기 위해 어떤 습관을 찾도록 부추긴다.

주변 사람들도 습관의 계기가 된다. 어떤 친구는 술을 마시러 가는 계기가 될 수 있다. 운동을 하러 가거나, 도박을 하러 가거나, 낚시를 하러 가는 방아쇠가 될 수도 있다. 그렇기 때문에 나쁜 습관을 지닌 사람은 피해야 한다. 그들은 나쁜 습관을 촉발해서 당신을 몰락시키기 때문이다.

마지막으로 믿음과 감정도 습관의 방아쇠가 된다. 부정적인 믿음과 감정은 나쁜 습관을 '발사'하지만 긍정적인 믿음과 감정은 좋은 습관을 작동시킨다. 나쁜 습관을 없애고 싶다면 먼저 부정적인 믿음을 없애야 한다. 그러려면 부정적인 믿음을 유발하는 부정적인 감정을 잘 알아야 한다. 그런 다음 부정적인 믿음에서 긍정적인 믿음으로 믿음의 체계를 바꿔야 한다. 그러면 나쁜 습관이 작동하는 것을 막을 수 있다.

나쁜 습관을 없애려면 나쁜 습관에 시동을 거는 방아쇠를 인식해야 한다. 그것을 알면 나쁜 습관을 없앨 힘이 생긴다. 다음은 그 예다.

나쁜 습관	방아쇠
패스트푸드 과식	패스트푸드점 간판, TV 시청, 군것질
흡연	담배, 음주, 친구, 시간
도박	광고, 도박 사이트, 친구
과도한 TV 시청	시간

나쁜 습관뿐 아니라 어떤 습관이든 그것을 유발하는 것이 뭔지 알려면 습관의 방아쇠를 파악해야 한다. 인식이 핵심이다. 인식이 없으면 습관을 바꾸는 것은 불가능하다.

습관에는
유형이 있다

● 습관에는 2가지 유형이 있다. 하나는 일반습관이다. 일반습관은 간단하고 기초적이며 독립된 습관이다. 아침에 일어나는 시간, 일터로 가는 길, 포크를 쥐는 방식 등이 이에 속한다.

다른 하나는 핵심습관이다. 핵심습관은 다른 일상 습관에 영향을 준다는 점에서 독특하다. 핵심습관은 마치 컴퓨터게임 '팩맨'처럼 행동한다. 일반 습관을 찾아서 제압하려고 어슬렁거린다. 따라서 습관을 바꾸려면 두 습관 중에 핵심습관을 새로 들이는 것이 효율적이다. 예를 들어보자.

당신은 정상체중보다 23kg이 더 나간다. 새해 첫날, 당신은 살을 빼겠다는 결심을 한다. 육상선수인 친구가 가장 살을 빨리 빼는 방법은 달리기라고 말해준다. 당신은 달리기라면 질색이지만 달리기를 핵심습관으로 시작해보기로 한다. 한동안 달리기를 하자 7kg이 빠진다. 어느 날 밤 당신은 어느 모임에 참석했는데 거기서 살이 빠져서 멋있어 보인다는 칭찬을 듣는다. 당신은 그날 밤 기분이 좋아진 채 집으로 향한다. 마치 구름 위를 걷는 느낌이다. 지인의 칭찬이 내면의 감정을 일깨워 기분을 들뜨게 만든 것이다.

다음 날 아침, 당신은 일반습관인 정크푸드를 끊고 역시 일반습관인 과식도 끊겠다고 결심한다. 당신은 살을 더 많이 빼기 위해 달리기를 늘린다. 달리기를 더 많이 하기 위해 일반 습관인 담배도 끊는다. 달리기라는 핵심습관 하나를 채택하자 정크푸드, 과식, 흡연이라는 3가지 일반습관이 없어지는 도미노 효과가 일어났다. 그래서 핵심습관이 독특하고 강력한 것이다.

부유해지는 습관들이 특별하고 좋은 것은 핵심습관으로 구성되어 있기 때문이다. 핵심습관은 가난해지는 습관을 중단시킬 능력이 있다. 한 가지 부유해지는 습관을 채택하면 수많은 가난해지는 습관들이 없어진다. 그래서 부유해지는 습관이 강력한 것이다. 하나의 좋은 습관을 들이는 것은 야구의 더블플레이나 트리플플

레이와 같다. 성공으로 향하는 속도는 더욱 빨라진다.

　그럼 부자들은 어떤 습관들을 가지고 있는 걸까? 이제부터 내
연구결과를 바탕으로 부자들의 습관을 소개한다.

일상의
습관이
인생을
바꾼다

자수성가형 백만장자들 중 44% 혹은 약 50%는 업무를 시작하기 최소한 3시간 전에 일어난다. 일찍 일어나는 것이 성공에 그렇게 중요한 이유는 무엇일까? 인생은 하루를 어떻게 보내느냐에 달려 있기 때문이다.

세상의 모든 책이
멘토가 된다

● 벤 카슨은 디트로이트 빈민가 출신의 세계적인 신경학자다. 카슨의 어머니는 자식이 빈민가의 또 다른 피해자가 될까 두려워했다. 카슨의 어머니는 어린 카슨에게 스스로 공부를 할 수 있도록 책을 읽게 만들었다. 아들이 매일 책을 읽도록 어머니는 매주 아들에게 읽은 책의 줄거리를 한 쪽 분량으로 써오라고 시켰다.

어린 카슨은 매일 도서관에 가서 몇 시간씩 책을 읽었다. 한 주가 끝날 때면 카슨은 그 주에 읽은 책의 줄거리를 어머니에게 제출했다. 매일 책을 읽는 부자습관은 카슨의 눈을 뜨게 만들었다. 카슨은 가난했지만 자수성가한 백만장자들의 이야기를 읽었다. 그는 그들이 빈곤에서서 탈출해 부를 이루었다면 자신도 그럴 수 있을 것이라고 생각하게 됐다.

결국 매일 책을 읽는 습관은 카슨이 학교에서 더 공부를 열심히 하도록 만들어줬다. 성적이 올라갈수록 카슨은 자신감을 얻었다. 이 자신감으로 카슨은 대학에 진학할 수 있었고, 의대에 진학해 의사가 되었다. 지금 그는 유명하고 존경받는 의사로 꼽힌다.

그런데 재미있는 것은, 카슨의 어머니가 문맹이었다는 사실이다. 카슨은 오랜 세월이 지나서야 그 사실을 알게 되었다. 카슨의 어머니는 사실 카슨이 매주 써오는 줄거리를 하나도 읽을 수 없었다. 그런데도 어머니는 자식에게 책을 읽는 습관을 심어준다면 자식을 빈민가에서 탈출시켜 성공하게 만들 수 있다는 것을 직관적으로 알았던 것이다. 그리고 이 생각은 효과가 있었다!

실제로 많은 성공한 사람들이 데일 카네기, 얼 나이팅게일, 오그 만디노, 잭 캔필드 등 자수성가한 작가들에게서 배웠다고 말했다. 한 권의 책은 한 사람의 멘토와 같다. 당신이 원한다면 얼마든지 많은 멘토를 만날 수 있는 것이다.

마이크로소프트MS의 공동 창업자이자 기술의 아이콘인 빌 게이츠도 책에 대한 자신의 열정의 비밀을 숨기지 않았다. 게이츠는 독서를 좋아했고, 자신이 읽은 내용을 '게이츠 노트' 블로그에서 남들과 공유했다. 이 블로그에는 자신이 읽은 책에 대한 감상과 세상과 나누고 싶은 책 내용으로 가득했다. 단지 추천에만 그치는 것이 아니다. 빌 앤드 멜린다 게이츠 재단을 만들어 미국 도서관과 전 세계 도서관에 기술을 지원한다. 사생활에서도 게이츠는 독서에 대한 사랑을 보여준다. 그의 저택은 640㎡ 면적의 개인 도서관을 갖추고 있다. 이곳에는 돔 형태의 독서실이 있고 약 3100만 달러에 달하는 책이 있다.

부자들은 지식을 얻거나 유지하기 위해 독서를 한다. 부자들 중 88%는 매일 30분 이상 자기계발을 위한 독서를 한다. 또 63%는 직장으로 출퇴근할 때 교육 관련 오디오북이나 팟캐스트를 듣는다. 독서를 하더라도 58%는 성공한 사람들의 전기를 읽었다. 가난을 이기고 부자가 된 사람들의 전기에는 배워야 할 인생의 교훈이 있다. 전기는 주인공들의 사고방식, 도전, 성공과 실패 등을 드러내기 때문에 교육적이다.

55%는 자립을 돕거나 자신을 발전시킬 수 있는 서적도 읽는다. 이런 책들은 삶을 개선하는 방법에 대한 기본적이고 새로운 아이디어를 나눈다. 이 책들을 읽으면 당신은 자신이 하는 일이 옳은 일인지 틀린 일인지 평가하지 않을 수 없게 된다. 이런 서적은 더 나은 삶에 대한 가장 좋은 연습을 제공해준다.

마지막으로 부자들 중 51%는 역사책을 읽는다. 역사를 공부하면 인생을 더 잘 이해할 수 있게 된다. 역사는 인간의 승리와 실패를 그리기 때문이다. 역사책은 나침반처럼 우리를 바른 방향으로 안내한다.

대부분 오락거리용 책은 읽지 않았다. 오락거리용 책을 읽는 사람은 11%에 불과했다.

하루 30분,
성공을 향한
뜀박질

● 페이스북 최고경영자인 마크 저커버그는 눈을 뜨면 가장 먼저 하는 일이 운동이다. 1주일에 반드시 3회 이상 한다. 그는 '무슨 일이든 잘하려면 에너지가 필요한데, 건강해야 더 많은 에너지를 얻을 수 있기 때문'이라고 설명한다.

부자들 중 76%는 매일 30분 이상의 유산소운동을 한다. 유산소운동은 달리기, 조깅, 걷기, 자전거 타기 등 심장강화 운동을 말한다. 어떤 운동이든 심장박동수를 20분 이상 분당 75~100회로 올리면 심장강화 운동으로 간주된다. 심장강화 운동은 몸에도 좋고 뇌에도 좋다.

유산소운동은 더 많은 산소를 뇌로 보내는데 산소는 뇌세포의 기능 개선을 돕는다. 뇌 속의 신경세포(뇌세포)를 성장시키고 뇌에 뇌신경영양인자BDNF 같은 호르몬을 공급한다. BDNF는 뇌세포를 위한 비료다. 뇌세포들이 수상돌기를 성장시키는 것을 돕고 축삭돌기의 크기를 확대시킨다. 둘 다 뇌세포에 중요한 성분이다. 수상돌기를 더 많이 가지고 있고 축삭돌기가 더 클수록 영리해진다. 또 운동을 하면 포도당의 생산도 증가한다. 따라서 유산소 운동을 통해 더 많은 산소를 흡입할수록 뇌는 더 건강해진다. 근력운동도 마찬가지다. 따라서 주 3회 이상 근력운동을 병행하는 것이 좋다.

유산소 운동을 하면 뇌뿐 아니라 몸도 건강해진다. 스트레스가 계속되면 CYP17라고 부르는 10번 염색체상의 유전자가 활성화된다. 이 유전자는 콜레스테롤을 코르티솔로 전환시킨다. 애석하게도, 코르티솔은 림프구(백혈구)의 생산을 감소시켜 면역체계를 저하시킨다. 따라서 스트레스를 계속 받으면 질병에 더 취약해진다.

매일 운동을 하면 콜레스트롤이 코르티솔로 전환되는 과정을 막아 스트레스를 줄인다. 또한 운동을 하면 엔도르핀이라고 하는 호르몬을 비롯해 강력한 신경전달물질인 도파민과 세로토닌도 나온다. 이 화학물질들은 모두 우리 기분과 감정을 부정적인 상태에서 긍정적인 상태로 변화시킨다. 그래서 매일 운동을 하면 우울증이 뿌리를 내리기가 사실상 불가능해진다.

건강한 식단을 유지하는 것도 중요하다. 영양가 높은 음식을 먹고 정크푸드와 술을 절제하는 식습관을 들이면 몸에 적절한 단백질을 제공하고, 좋은 콜레스테롤과 나쁜 콜레스테롤의 균형을 유지하고, 혈당 수준을 낮추며, 비만을 막을 수 있다.

우리의 면역체계를 개선하는 보충제도 섭취하자. 많은 연구에 따르면 강황은 암을 억제한다. 비타민 E와 C는 활성산소를 빨아들이는 스펀지로, 독이 있는 활성산소를 제거한다. 활성산소는 세포벽에 손상을 주고 체내 모든 세포핵 안에 있는 DNA와 충돌해 유전적 변이를 일으킬 수 있고, 유전적 변이는 암에 이를 수 있다.

제대로 먹고 우리가 소모하는 칼로리를 하루 2000칼로리 미만으로 줄이면 지방 축적을 줄여 건강을 유지하는 데 도움이 된다. 지방은 체내에서 독소를 저장하므로 지방이 적다는 것은 독소가 적다는 의미이다. 자신이 과식을 하고 있는지 잘 모르겠다면 이를 알아내는 한 가지 방법은 30일 동안 자신이 무엇을 먹는지 추적해보는 것이다. 자신이 먹는 음식과 칼로리를 추적하면 눈이 확뜨일 것이다. 자신이 생각한 식사량과 실제 식사량에는 큰 차이가 있다. 추적을 해보면 당신이 매일 정크푸드를 얼마나 먹는지 알 수 있다. 정크푸드를 계속 먹고 싶다면 하루에 3000칼로리 미만으로 섭취하는 것이 가장 좋다.

질 좋은
수면에
투자하라

● '위험'이라고 하면 뭐가 떠오르는가? 아마 대부분 금융 투자를 먼저 떠올릴 것이다. 새로운 사업에 대한 투자, 주식, 도박, 복권 등이다. 하지만 경제적 위험은 가장 큰 위험은 아니다. 돈은 언제든 얼마든지 더 벌 수 있다.

절대로 회복되지 않는 위험이 있다. 영원히 사라지는 것이다. 그것은 바로 시간이다. 어떤 것에 시간을 투자하면 그 시간은 영원히 사라진다. 절대로 재생되거나 우리에게 되돌아오지 않는다. 하지만 우리에게 주어진 시간은 풍부해 보이기 때문에 귀중함을 거의 느끼지 못한다. 그래서 우리는 쓸데없는 활동에 어마어마한 시간을 소모한다. TV 앞에 몇 시간이고 앉아 있거나 페이스북과 유튜브를 보고, 술집이나 침대에서 많은 시간을 보낸다. 그밖에도 비생산적인 활동으로 아까운 시간을 낭비한다.

내 연구에 등장하는 자수성가한 백만장자들 중 67%는 매일 TV보는 시간이 1시간도 안 된다. 63%는 하루 (오락을 위한) 인터넷 사용 시간이 1시간도 안 됐다. 이를 통해 목표, 독서, 배움, 운동, 자원봉사, 인맥 쌓기 등을 추구할 시간이 확보된다.

나이가 들어 살아갈 시간이 고갈되고 있다는 점을 깨닫기 전까지는 시간이 얼마나 귀중한지 모른다. 꿈과 목표를 이루려면 시간을 현명하게 투자해야 한다.

그러기 위해서는 잠을 잘 자는 것도 중요하다. 충분한 수면을 취하는 것은 절대로 시간을 낭비하는 게 아니다. 오히려 그 반대다. 내 연구에 등장하는 자수성가한 백만장자들 중 89%는 매일 밤 7~8시간 동안 잠을 잤다. 수면은 성공에서 필수 요소다. 수면은 왜 그렇게 중요할까?

신경과학자들은 지난 10년 동안 믿을 수 없을 정도로 획기적인 성과를 이뤘다. 그중 하나가 우리가 잠을 자는 이유에 대한 연구다. 수면의 중요한 목적은 기억을 저장하기 위해서다.

잠을 잘 때 우리는 4~6번의 수면 주기에 빠진다. 각각의 수면 주기는 9분 정도이고 5개의 독립적인 수면 상태로 구성되어 있다. 알파, 세타, 델타, 렘(급속 안구 운동), 그런 다음 다시 세타로 진행된다. 수면 주기마다 첫 3개의 수면 상태인 알파, 세타, 델타는 65분간 이어진다. 렘은 20분간 지속되며, 마지막 수면 상태에서는 세타가 5분간 지속된다.

매일 밤 수면 주기가 몇 번이 있었느냐가 수면 시간보다 더 중요하다. 매일 밤 5회의 수면 주기가 가장 이상적이고 최소한 4번이라도 완료하는 게 좋다. 새로운 정보나 기술을 학습한 후 최소한 4번의 수면 주기를 완성해야 새로운 정보나 기술이 저장된다. 그러지 못하면 장기적인 기억저장소가 상처를 입고 학습에 방해를 받는다. 낮에 배운 것을 기억하려면 숙면이 필수다.

렘수면은 특히 중요하다. 렘수면 중에 우리가 하루 동안 학습한 것들이 해마로 전달되고 해마와 신피질이 서로 수많은 신호를 주고받으며 기억을 만든다. 렘수면 동안 기억을 장기적으로 저장하는 것이다.

신경과학자들이 발견한 또 다른 흥미로운 점이 있다. 자는 동안 차단되는 의식(신피질)과 잠재의식(둘레계통과 뇌간) 사이에 교류가 가능하다는 점이다. 이것은 중요하다. 잠재의식이 의식의 눈에는 보이지 않는 감각 정보를 규칙적으로 수용하기 때문이다. 우리가 직관을 경험할 때는, 실제로 잠재의식이 자는 도중에 의식에 뭔가를 보내는 것이다. 깨어 있을 때는 머릿속 목소리인 의식이 자는 동안에 잠재의식에서 배운 것들을 당신에게 들려준다.

요컨대 뇌의 기능을 높이고 영감을 얻기 위해 잠을 잘 자는 것은 무척 중요하다.

업무 시작 3시간 전에는
깨어 있어야 한다

● 로빈 샤르마는 세계적으로 유명한 리더십 전문가이자 인맥·직업 개발 코치다. 샤르마는 경제지 〈포춘Fortune〉에서 선정한 500대 기업의 컨설턴트이고, 동기부여 강연자, 600만 부 이상이 팔린 베스트셀러 작가이기도 하다. 샤르마는 자신이 성공한 이유가 아침에 일찍 일어나는 습관에 있다고 말한다. 그는 자신의 이른 일과를 '새벽 5시 클럽'이라고 부르곤 한다. 이 시간은 샤르마가 운동, 독서, 명상을 하고 하루를 준비하는 시간이다. 이 하나의 습관이 부의 제국을 만들어냈으며, 그를 세계에서 가장 유명한 리더십 전문가로 만들었다.

내 연구에 등장하는 자수성가형 백만장자들 중 44% 혹은 약 50%는 업무를 시작하기 최소한 3시간 전에 일어난다. 일찍 일어나는 것이 성공에 그렇게 중요한 이유는 무엇일까? 인생은 하루를 어떻게 보내느냐에 달려 있기 때문이다.

하루 일과를 마칠 시간에 원래 끝내고자 했던 3~4개의 일이 예상치 못하게 중단되어 좌절했던 경험이 다들 있을 것이다. 예상치 못한 중단은 일어나게 마련이다. 때로는 지나치게 많이 일어나기도 한다. 이런 일은 우리 심리에 영향을 미친다.

그 여파는 우리의 무의식으로 침투해 결국 우리에게 자기 인생을 통제할 힘이 없다는 믿음을 만든다. 그런 믿음은 일단 한 번 형성되면 머릿속에 자리를 잡고 무의식적으로 우리가 하루를 통제할 힘이 없다고 속삭인다. 이 믿음이 우리를 무기력하게 만드는 원인이다.

무기력한 기분은 우울증의 가장 큰 원인이다. 하지만 해결책은 있다. 인생을 다시 통제하고 부정적인 믿음의 뿌리를 없앨 방법이 있다. '새벽 5시 클럽'에 동참해보자. 일과 중 끝내고자 하는 가장 중요한 일 3개를 완수하기 위해 새벽 5시에 일어나면 인생에 대한 통제력을 다시 얻을 수 있다. 이를 통해 정말로 자기 삶을 다스릴 자신감을 얻을 수 있다.

새벽 5시에 일어나는 것은 습관이다. 습관을 들이는 데는 시간이 걸린다. 이것이 내가 말하는 핵심습관이다. 핵심습관은 가장 강력한 유형의 습관이다. 다른 습관에 도미노 효과를 일으키기 때문이다.

이 습관을 만드는 한 가지 방법은 새벽 5시 클럽에 같이 합류할 누군가를 찾아 그에 대한 책임감을 갖는 것이다. 누군가를 새벽 5시 클럽에 동참시켜 매일 아침 당신을 기다리고 찾게 만드는 것이다. 그러면 당신은 자고 싶은 욕망을 극복하지 않을 수 없을 것이다.

내일부터 당장 새벽 5시 클럽을 시작해보자. 당신이 책임질 대상인 파트너도 찾아보라. 당신은 자신의 삶에 대한 통제력을 되찾게 될 것이며 자존감도 높아질 것이다. 자신의 인생이 자기 통제하에 있다는 자신감도 얻게 될 것이다. 무기력한 기분도 사라질 것이다.

할 일을 미루면
신뢰를
깎아먹는다

● 미루는 것은 나쁜 습관이다. 미루는 습관이 있으면 아무리 재능이 뛰어난 사람이라도 인생에서 성공하지 못한다. 대부분의 사람이 나쁜 습관을 가지고 있으며, 일생 경제적으로 힘들어하는 건 우연이 아니다.

성공을 결정하는 변수는 아주 많지만 할 일을 미루는 것은 그중에서도 큰 변수다. 일을 미루는 가장 큰 원인은 자기 일에 대한 열정이 없기 때문이다. 전 세계의 근로 인구 중 87%는 일에 대한 열정이 없다.

리서치 전문업체 갤럽에 따르면 13%만이 자신의 일에 전념하거나 감정을 쏟거나, 자신이 속한 조직의 발전에 중점을 두고 있다. 2011년과 2012년 140개국 이상에서 실시한 여론조사 결과에 따르면 63%는 직업에 그다지 열정이 없거나 동기부여가 안 되거나 부가적인 노력을 기울이지 않는 것으로 나타났다. 또한 24%는 '열정이 전혀 없거나' 진정으로 불행하고 비생산적이라고 답했다. 왜일까? 그 이유는 좋아하는 일만 하고 싫어하는 일은 뒤로 미루기 때문이다.

일을 미루는 버릇은 인생에서 경제적으로 곤란을 겪게 되는 가장 큰 이유다. 일을 미루는 것은 직장에서 상사나 동료들과의 신뢰를 해친다. 또한 업무의 질을 떨어뜨리고 단골, 고객, 사업상 친분관계에 있는 사람과의 업무에도 영향을 미친다.

일을 미루는 것은 스스로를 신뢰하지 못할 사람으로, 혹은 자신의 업무 성과를 형편없는 것으로 낙인찍는 것과 같다. 더욱 나쁜 것은 일을 미룬 결과가 소송으로 이어질 가능성도 있다는 점이다. 이로 인해 스트레스가 쌓이고 막대한 비용이 지출될 수도 있다.

해야 할 일을 미루라는 목소리는 인생에서 성공한 사람의 마음속에서나 성공하지 못한 사람들의 마음속에서나 크고 명확한 목소리를 낸다. 차이가 있다면 성공한 사람들은 그 목소리를 중단시킨다는 점이다. 부유한 사람들과 가난한 사람들의 습관에 대한

5년간의 연구에서 나는 "할 일을 미루라"는 목소리를 잠재우는 5가지 방법을 발견했다.

① **해야 할 일 작성하기:** 성공한 사람들은 '해야 할 일' 목록에 의존해 일을 처리한다. 해야 할 일 목록에는 2가지 유형이 있다.

• 목표와 관련된 할 일: 일일 업무들 중에는 월, 년, 장기적 목표와 연결된 것들이 있다. 이는 성격상 거의 고정적인 업무다. 매일 해야 할 일 목록에 들어간다는 의미다. 예를 들면, '매일 10건의 마케팅 전화 걸기' 같은 것이다.

• 목표와 무관한 할 일: 할 일이지만 목표와는 관련이 없는 일이다. 이메일 답장 쓰기 같은 행정적인 업무일 수도 있고, 고객 미팅 같은 고객 업무일 수도 있으며, 은행 업무 같은 일상적인 업무일 수도 있다. 고정적인 업무이거나, 매일 업무이거나, 날마다 달라지는 일일 수도 있다.

② **매일 5가지 일 끝내기:** 성공한 사람들은 매일의 '해야 할 일' 목록에 하루를 마치기 전에 완수할 5가지 일을 포함시킨다. 이는 직업에 열정이 없는 87%의 사람들에게 특히 중요한 방법이다. 매일의 5가지 일은 직장 업무와는 무관한 것이어도 된다. 매일 행

함으로써 인생의 목표를 달성하거나 꿈을 이루는 데 도움이 되는 것이라면 작은 일이라도 상관없다.

③ **업무 마감일을 설정하고 알리기**: 업무 마감일을 설정하고 그 업무의 완수에 영향을 받을 관련자들에게 알린다. 업무는 단순히 '해야 할 일'에서 다른 사람과 지켜야 할 개인적인 약속이 된다. 그러면 일을 완수해야겠다는 마음이 커진다.

④ **책임감을 주는 파트너 만들기**: 책임감을 주는 파트너는 정기적으로 만나는 사람이며 당신이 과제를 완수하도록 압력을 가하는 사람이다. 파트너는 여러 명이어도 된다. 당신이 어떤 일을 완수하도록 책임감을 부여하는 사람이 있으면 그 일은 단지 '해야 할 일'에서 더 중요한 일로 승격된다. 누군가가 지켜보고 있으면 일을 더 잘하게 된다.

⑤ **"당장 하라"고 스스로에게 말하기**: 잔소리 듣는 것을 좋아하는 사람은 아무도 없다. 그러나 우리가 깨닫건 깨닫지 못하건 잔소리는 우리 행동에 변화를 준다. 우리는 반복적으로 잔소리를 들으면 하기 싫은 일도 완수하는 경향이 있다. "당장 하라"고 반복해서 말하

면 자기 자신에게 잔소리를 하는 효과가 난다. 나는 이 방법을 발견하고 회사의 월말 공과금 결제와 같이 내가 늘 미루는 일을 할 때 활용하기 시작했다. 이제 내가 하는 일이라곤 "지금 당장 하라"고 되뇌는 것뿐이다.

저축과 소비의
비밀습관

● 자수성가한 백만장자가 되려면 시간이 걸린다. 내 연구에 등장하는 자수성가한 백만장자들 가운데 80%는 쉰 살 이후에 부자가 되었다. 부자가 되는 과정에서 그들은 저축과 소비의 비밀을 터득했다.

자수성가한 백만장자들은 절약하는 습관을 들인다. 어릴 때 저축하는 습관을 들일수록 축적하는 부는 더 많아진다. 내 연구에 등장하는 백만장자들은 모두 백만장자가 되기 전부터 수입의 10~20%를 저축한다는 목표를 세웠다. 나는 연구 과정에서 아주 독특한 저축 습관을 들이는 방법을 발견했다. 이 방법은 175명의 평범한 사람들을 자수성가한 백만장자로 만드는 데 도움을 주었다. 나는 이것을 '4 주머니 저축 전략'이라고 부른다. 4 주머니 저축 전략은 다음 3단계로 진행된다.

1단계: 4 주머니 설정

① 은퇴저축 주머니: 퇴직연금, 세금우대 개인 은퇴 플랜IRAs, 기타 은퇴 계획, 은퇴 특화 상품(연금보험 등)이다.

② 특정비용 주머니: 본인이나 자녀의 교육비, 결혼비용, 자녀 출생 관련 비용, 주택비용 같은 중요한 미래 비용에 대비한 별도의 예금, 적금, 학자금 계좌 등이다.

③ 비상금 주머니: 축의금, 병원비, 갑작스러운 손실(실업, 병원비, 출생 등으로 인한) 등에 대비한 계좌다.

④ 순환비용 주머니: 생일선물, 휴가비용, 여가비용, 재교육비용 등을 위한 계좌다.

주거래 통장 외에도 최소한 하나의 은퇴 계좌와 3개의 은행계좌를 계획해야 한다. 본인이나 자녀를 위한 교육비를 저축하려면 학자금 플랜도 필요하다.

2단계: 저축 목표 설정

4 주머니 저축 전략을 하려면 급여에서 얼마나 저축할지 정해둘 필요가 있다. 예를 들어 소득의 10%를 저축으로 정했다면 10%를 다음과 같이 4 주머니에 할당한다.

- 1주머니(은퇴자금)에 5%(저축의 50%)
- 2주머니(특정비용)에 2%(저축의 20%)
- 3주머니(비상금)에 1.5%(저축의 15%)
- 4주머니(순환비용)에 1.5%(저축의 15%)

3단계: 자동계좌이체 설정

여기서 실행의 진가가 드러난다. 소득에서 네 주머니로 저축이 자동으로 빠져나가도록 만들어야 한다. 급여나 소득을 받는 주거래 통장에서 네 주머니의 계좌로 각각 자동이체 되도록 설정해둔다. 이는 모두 당신의 저축으로 축적된다.

아주 간단하다. 그렇지 않은가? 하지만 "저축할 돈이 부족하다"고 말하는 사람이 있을 것이다. 그래서 지금부터 저축할 돈을 남길 수 있도록 소비를 줄이는 방법을 알려주겠다. 버는 돈보다 씀씀이가 더 크면 절대로 부자가 될 수 없다. 소비를 관리하고 저축을 늘리는 데 도움이 될 전략을 소개한다.

① 소비 경로 추적: 나는 이것을 '소비 인식'이라고 부르고 싶다. 돈이 나가는 곳을 알면 자신의 재정을 통제할 수 있게 된다. 클럽 회원권이나 구독 등 당신이 이용하지도 않는 곳에 돈이 나가고 있는 것을 발견할지도 모른다.

② 주기적 회계감사: 큰 비용은 시간이 지나면 바뀔 수 있다. 예를 들어 보험료는 자주 바뀐다. 시간이 지나면 오를 수도 있고 내릴 수도 있다. 주택보험, 자동차보험, 생명보험에 지불하는 금액이 최저율인지 확인하라. 케이블TV나 인터넷 비용도 모르는 사이에 높아질 수 있으니 업체에 전화를 걸어 최저 비용인지 확인하라. 휴대폰 업계에서도 경쟁이 심해져서 월사용료가 점점 저렴해지고 있다. 주기적으로 더 싼 곳을 찾아 이동하라. 당신이 필요 이상으로 돈을 지불하고 있지 않는지 확인해야 한다.

③ 성능 좋은 중고차 구입: 새 차는 출고된 순간부터 가치가 하락하기 시작한다. 자동차 업계에서는 일반적인 가치 손실 현상인데, 성능이 좋은 중고차를 사면 이것을 잘 이용할 수 있다. 내 연구에 등장하는 부자들 중 44%는 성능 좋은 중고차를 구입했다. 일반적으로 리스용 차량이고 2~3년 된 차들이다. 주행거리가 20만 km가 되면 대부분 매년 수리를 받아야 한다. 주행거리가 20만 km

이상이면 연간 수리비용으로 1500달러(약 167만 원)가 발생할 것이다. 그래도 새 차를 할부로 사는 비용이나 새 차를 사려고 받는 대출금보다 훨씬 덜 든다.

④ 주택자금대출 및 주택담보대출 재조정: 주택담보대출 이자를 최저로 내는 것이 가능한가? 금리가 너무 높은 주택자금대출을 다른 대출상품으로 바꿀 수 있는가? 학자금대출을 새로운 주택담보대출로 변환할 수 있는가?

⑤ 쿠폰 사용: 심지어 내 연구에 등장하는 부자들도 쿠폰으로 돈을 절약하는 습관을 가지고 있다. 부자들 중 33%는 식료품을 구입할 때 쿠폰을 사용한다. 식품점이나 기타 비용에 왜 필요 이상으로 지불하는가?

⑥ 중고품 가게 이용: 품질 좋은 의류를 판매하는 중고품 가게가 많다. 수선비로 돈을 써야 할 수도 있지만, 그만 한 가치는 있다. 그런 일에 자존심을 내세우면 안 된다. 내 연구에 등장하는 부자들 중 30%는 중고 의류점에서 옷을 구입했다. 그들은 그런 곳에서 현명하게 돈을 쓰는 데 자존심을 내세우지 않았다.

⑦ 집이나 아파트 규모 축소: 대부분에게 주택이나 아파트는 가장 돈이 많이 드는 부분이다. 더 싼 주택이나 아파트로 규모를 줄이면 매년 드는 이자, 세금, 수리비 등을 크게 줄일 수 있다. 주택에

들어가는 비용을 월수입에서 30% 이하로 줄이는 것을 목표로 설정해보자.

⑧ 할인 상품 구매: 충동구매가 지나치게 많으면 쓸데없이 쓰는 돈이 더 많아진다. 그것이 가난해지는 습관이다. 계획적인 구매를 위해 할인판매 행사를 이용하거나 할인 상품을 구매하는 것은 현명한 지출 습관이다.

⑨ 술은 집에서 마시기: 외식할 때 술을 같이 마시면 비용이 늘어난다. 식당들은 술을 정가보다 최대 100%까지 높게 판매한다. 게다가 술을 마시면 안주도 추가로 주문하게 될 가능성이 높다. 집에서 편안하고 저렴하게 술을 마시는 쪽을 택하자.

좀 더 일상적인 지출에 대한 구체적인 지침도 소개한다.

- **자신에게 먼저 지불하기:** 다른 사람에게 돈을 지불하기 전에 수입의 10~20%를 저축하라.
- **생활비 지출에 신용카드 쓰지 않기:** 생활비에 쓸 현금이 없고 신용카드에 의존해야 한다면, 당신은 말 그대로 분수에 맞지 않는 생활을 하고 있는 것이다. 신용카드 빚은 실직과 병원비에 이어 세 번째 큰 파산 원인이다.
- **주택 관련 지출 30% 이하로 줄이기:** 임대비, 주택구입대출 상환비, 부동산

세, 시설물 비용, 보험료, 수리비, 유지비 등이 포함된다.

- **식품비 수입의 15% 미만으로 줄이기:** 식료품비용은 포함되지만 배달음식, 도시락 등의 조리식품은 포함되지 않는다. 조리식품은 오락비 예산에 포함된다.

- **오락과 경조사비 수입의 10% 미만으로 제한하기:** 술집, 레스토랑, 영화, 음악, 책 등이 포함된다. 외식과 조리식품 구입도 여기에 속한다.

- **자동차 관련 지출 5% 미만으로 줄이기:** 리스, 대출, 보험, 주유, 통행료, 등록세, 수리비, 유지비 등을 포함한다.

- **휴가비 지출은 수입의 5%가 넘지 않게 한다.**

- **도박하지 않기:** 도박을 하게 되면 오락비 예산이 초과된다.

- **과도한 경조사비 지출하지 않기:** 선물비용은 오락과 경조사비용에 속한다. 오락비를 수입의 10%로 유지하면 선물비용 과다 지출을 막을 수 있다.

- **의류비 수입의 5% 미만으로 줄이기:** 내 연구에 등장하는 부자들 중 많은 사람이 중고 의류점이나 중고품 위탁 판매점에서 구입하는 습관을 가지고 있었다. 이런 상점 중 다수는 품질이 좋은 의류를 대폭 할인한 가격으로 판매한다. 수선비가 조금 들 수도 있지만 그 정도는 감수할 가치가 있다.

- **충동구매 삼가기:** 충동구매는 절대로 좋은 생각이 아니다. 지출 습관에서 감정을 제거해야 한다. 어렵게 번 돈을 지출하기 전에 계획을 세울 시간은 언제나 있다.

이렇게 지출 예산을 유지하고 한 달 동안 지출한 모든 내역을 적어두는 습관을 들여야 한다. 그러면 실제의 지출 규모가 한눈에 들어올 것이다. 실제 지출 규모는 언제나 상상했던 것보다 더 크다. 파악해보니 충격적일 수도 있다. 이는 좋은 일이다.

지출을 통제하는 것은 쉬운 일이 아니다. 하지만 일단 한 번만 습관이 되고 나면 훨씬 쉬워진다. 지출을 통제하는 일이 일상이 되면 당신은 가난에서 벗어날 것이며, 저축을 하게 될 것이고, 재정 독립의 탄탄대로에 올라설 것이다.

정말로 놀라운 일 아닌가? 지식을 가지면 힘이 생기고 인생도 변한다. 이것은 단지 시작일 뿐이다. 당신과 공유하고 싶은 것이 더 많다. 그것은 당신의 세계를 뒤흔들어 성공과 행복의 길로 데려다줄 것이다.

다양한
소득원을
만든다

● 리처드 브랜슨은 21세기에 자수성가한 매력적인 백만장자다. 그는 수입원을 다각화하는 부자습관을 열정적으로 적용하는 사람이다. 브랜슨은 하나의 수입원에만 의지하지 않는다. 그는 수백 개의 수입원을 가지고 있다.

브랜슨은 다양한 산업 분야에서 400개의 회사를 시작해 키워냈다. 그는 음악 소매업, 음반 레이블, 뮤직비디오 제작, 국제선 항공사, 럭비팀, 우주선 제조, 이동통신, 휴대폰, 피트니스센터, 책 소매, 도서출판, 도서배급, 대체 에너지, 금융, 벤처 캐피탈, 여행사, 스키 산장, 스파, 승객용 자전거, 레이싱 팀, 라디오, 철도 등 다양한 분야에 진출했다.

브랜슨을 유일무이의 존재로 만든 것은 그가 자주 실패를 하고 수천 번의 실수를 했지만 도전하고 새로운 기회를 추구하는 데 여전히 겁이 없고 열정적이라는 사실이다. 자신의 브랜드를 확장하려는 욕망은 실제로 수입의 줄기를 확장하겠다는 욕망이다. 브랜슨은 아주 일찍이 이 습관이 가장 많은 부를 만들어낼 수 있다는 것을 알았던 것이다.

자수성가한 백만장자들은 한 가지 소득원에만 의존하지 않는다. 그들은 여러 개의 소득원을 계발한다. 내 연구에서는 3개 정도가 가장 이상적이었다. 65%는 처음으로 큰돈을 벌기 전에 최소 3개의 소득원을 만들었다.

다양한 소득원이 생기면 어쩔 수 없이 일어나는 경기침체도 헤쳐 나갈 수 있게 된다. 대부분의 사람들은 '연못 하나에 하나의 낚싯대를 두어' 하나의 소득원이 경기침체로 손상되면 경제적으로 고통을 겪는다. 반면 부자들은 '여러 개의 연못에 여러 개의 낚싯대를 두어' 하나의 소득원이 일시적으로 손상을 입더라도 다른 소득원에서 수입을 얻는다.

부가적인 소득원에는 부동산 임대, 부동산 투자 뮤추얼펀드 REITs, 컨소시엄 공동투자TIC, 트리플 넷NNN 리스, 주식 투자, 연금,

개인 주식 투자업, 동업 부업, 금융 투자, 서비스와 로열티(특허, 인세) 등이 있다.

PART

03

아무도
혼자서는
성공할 수
없다

혼자서 성공할 수 있는 사람은 아무도 없다. 성공 지향적인 사람들이 목표와
꿈을 이루려고 노력하는 것을 도우면 당신의 성공에도 도움이 된다. 성공한
사람들은 귀중한 지원팀을 만들 수 있었기 때문에 성공한 것이다.

멘토는 아무리 많아도
지나치지 않다

●《영혼을 위한 닭고기 수프》시리즈의 저자인 잭 캔필드는 가장 많이 팔린 책을 쓴 작가로 기네스 세계 기록을 보유하고 있다. 모두 5억 권이 팔렸다. 그는 미국 최고의 성공 코치로 불리기도 한다. 그는 해마다 세미나, 교육 프로그램, 코칭 프로그램을 통해 수많은 사람에게 자신의 성공 법칙을 가르쳐주고 있다.

캔필드는 어떻게 이렇게 될 수 있었을까? 캔필드의 멘토는 C. 클레멘트 스톤이다. 스톤은 전설적인 자기계발 전문가로 〈석세스 Success〉 매거진의 전 발행인이다. 또한 그는 2천만 권 이상이 팔린 《세계의 위대한 세일즈맨The Greatest Salesmen in the World》을 쓴 오그

만디노의 멘토 역할도 했다.

하지만 스톤은 캔필드가 멘토로 삼은 사람들 중 한 명일 뿐이다. 캔필드의 멘토 역할을 한 사람은 마크 빅터 핸슨, 재닛 스위츠너, 존 그레이, 밥 프록터, 짐 론, 존 맥스웰 등이 있다. 멘토가 이렇게 많은 것이다!

세계에서 가장 성공했고 존경받는 은행가인 제이미 다이먼 역시 자기보다 훨씬 나이가 많고 현명한 멘토에게서 어마어마한 혜택을 받았다. 그의 멘토는 전설적인 주식 중개인이자 은행가인 샌디 웨일이다. 다이먼과 웨일은 열정적으로 일하고 많은 대형 거래를 성사시켜 전설적인 파트너가 되었다. 단순한 고용자와 고용인의 관계가 아니었다.

1983년 당시 아메리칸 익스프레스에서 일하던 웨일은 하버드대 경영대학원을 갓 졸업한 불과 스물여섯 살의 청년 다이먼을 고용했다. 웨일은 2년 후 아메리칸 익스프레스를 떠났고, 다이먼도 자신의 멘토를 따라갔다.

두 사람은 미래의 기회를 연구하며 수개월 동안 함께 일했다. 그러던 중 '커머셜 크레디트Commercial Credit'라고 하는 볼티모어의 부실 대부회사가 이들 눈에 들어왔다. 두 사람은 커머셜 크레디트를 인수해서 상장했고, 이를 기반으로 제국을 건설했다.

그다음에 이어진 일은 일련의 기업 인수합병M&A이었으며, 1998년 웨일과 다이먼의 공동 회사를 씨티코프와 합병하면서 절정을 이루었다. 이것이 현재 씨티그룹으로 알려진 금융기업의 탄생이다. 후에 다이먼은 세계에서 가장 강력한 금융기업인 JP모건의 최고 경영자CEO가 되었다.

이처럼 우리를 성공으로 이끌 멘토는 5가지 유형으로 나눌 수 있다.

부모: 부모는 인생의 유일한 멘토가 되는 경우가 많다. 자녀에게 성공의 멘토가 된 부모는 자녀가 경쟁에서 앞서가도록 돕는다. 그들은 자녀가 성공한 성인이 되도록 설계한다. 그래서 부모의 역할이 인생의 성공에 중요한 것이다. 자녀에게 좋은 일상의 성공습관을 가르쳐야 한다. 그렇게 하면 자녀가 인생에서 경제적인 어려움을 겪지 않을 가능성이 높다.

교사: 좋은 교사는 좋은 멘토다. 교사들은 아이들이 집에서 받는 부모의 멘토링을 강화할 수 있다. 또는 (특히 집에서 부모의 멘토링을 받기가 불가능한 경우) 훨씬 더 큰 성공의 멘토링을 제공할 수도 있다.

직업상의 멘토: 나의 연구에 등장하는 자수성가한 백만장자들 중 24%는 직업상의 멘토에게서 습관을 배웠다. 부모나 교사를 멘토로 둘 만한 행운이 없는 사람은 직장에서 멘토 역할을 해줄 사람을 찾아야 한다. 그러면 부의 축적에 가속도가 붙는다. 직업상의 멘토는 당신이 실수를 피하도록 도와주고 바른 길로 안내한다. 직장에서 존경하고 신뢰할 수 있는 사람을 찾아 멘토가 되어달라고 부탁하라. 직장에서 최소한 당신보다 2단계 더 높은 수준의 사람이어야 한다.

책 속 멘토: 책은 실질적인 멘토의 자리를 대신할 수 있다. 책 속 멘토로 가장 좋은 것은 자수성가한 백만장자들의 전기다. 내 연구에 등장하는 자수성가한 백만장자들 중 58%는 다른 성공한 사람들의 전기를 읽었다.

역경이라는 멘토: 역경이라는 배움터에서 좋은 성공습관을 배우면 자기 스스로 멘토가 된다. 효과가 있는 것과 효과가 없는 것을 스스로 가르칠 수 있다. 스스로의 실수와 실패를 통해 배울 수도 있다. 이것은 어려운 방법이다. 그 실수나 실패에 막대한 시간과 비용을 지불하기 때문이다. 하지만 가장 효과적인 방법이기도 하

다. 당신이 배운 교훈에는 감정이 들어 있고 절대 잊을 수 없기 때문이다.

인생의 멘토가 있었던 사람들 중 93%는 자신들의 막대한 부가 멘토 덕분이라고 밝혔다. 68%는 다른 사람들에게서 받은 멘토링이 성공에 가장 중요한 요인이라고 말했다. 이들의 평균 재산 규모는 430만 달러였다. 인생에서 멘토를 발견한다면, 당신은 성공으로 가는 쾌속선에 올라타는 것이다.

성공 멘토는 당신의 인생에 긍정적인 영향을 미치는 것 이상의 일을 한다. 그들은 무엇을 어떻게 할 것인지 알려줌으로써 정기적이고 적극적으로 당신의 성공에 참여한다. 멘토는 자신의 멘토나 인생이라는 학교에서 배운 인생의 교훈을 당신과 나눈다. 자신의 성공을 멘토 덕분이라고 언급한 유명인은 너무나도 많다.

- **오프라 윈프리:** 던컨 부인(4학년 때의 담임교사)

- **콜린 파월 전 미국 국무장관:** 아버지 루터 파월

- **마틴 루터 킹 박사:** 벤저민 E. 메이스(성직자)

- **헨리 데이비드 소로:** 랄프 왈도 에머슨

- **존 매케인 미국 상원의원:** 윌리엄 라베널(고교 교사/감독)

- **글로리아 에스테판:** 조모 콘수엘로 가르시아

- **헬렌 켈러:** 앤 설리번

- **밥 딜런:** 우디 거스리(포크송 싱어송라이터)

- **퀸시 존스:** 레이 찰스(재즈 뮤지션)

- **덴젤 워싱턴:** 시드니 포이티어(배우)

- **래리 킹:** 에드워드 베네트 윌리엄스

※ 〈멘토링 사례 연구〉, 제이미 다이먼

내가 멘토를 찾듯 다른 사람을 멘토링해주는 것도 중요한 습관이다. 다른 사람을 멘토링하면 자신이 하는 일에 대한 전문성이 높아진다. 가르치려면 그만큼 잘 배우고 알아야 하기 때문이다. 가르치는 일은 언제나 최고의 공부다. 다른 사람을 멘토링하는 것은 당신의 인생에 큰 이득을 줄 헌신적인 추종자들을 만드는 일이기도 하다.

혼자서 성공할 수 있는 사람은 아무도 없다. 성공 지향적인 사람들이 목표와 꿈을 이루려고 노력하는 것을 도우면 당신의 성공에도 도움이 된다. 성공한 사람들은 귀중한 지원팀을 만들 수 있었기 때문에 성공한 것이다. 당신을 지원할 팀을 구성하는 가장 좋은 방법은 다른 사람들을 먼저 도와주는 것이다.

하지만 아무나 도와주라는 말은 아니다. 내가 '성공 지향적인 사람'이라는 말을 사용하는 데는 이유가 있다. 성공을 추구하고 낙관적이며, 목표 지향적이고 긍정적이고 발전적인 사람들을 돕는 데만 집중해야 하기 때문이다.

이것은 아주 중요하다. 대부분의 사람이 목표 지향적이지도, 긍정적이지도, 발전적이지도 않기 때문이다. 단 30%만이 이 기준에 부합한다(《사이칼러지 투데이》, 라즈 라후나탄 박사, 2013년). 따라서 아주 신중하게 사람을 선별해야 한다. 시간을 충분히 두고 도울 사람들을 선택하라.

당신이 친하게 지내는
사람만큼
성공한다

● '유유상종'이라는 말처럼 사람은 자신과 친하게 지내는 사람
만큼만 성공할 뿐이다. 인생에서 보다 큰 성공을 거두고 싶다면
자기 주변을 성공 지향적인 사람들로 채워야 한다. 아울러 해가
되는 사람들과의 만남은 최소화해야 한다.

자수성가한 백만장자들이 인간관계를 맺는 데는 특별한 습관이
있다. 그들의 목표는 성공 지향적인 사람들과의 관계를 발전시키
는 것이다. 나의 연구에서 다룬 자수성가한 부자들 중 86%는 성
공 지향적인 사람들과의 관계에서 습관을 형성했다. 부유한 사람
들은 언제나 목표 지향적이고 낙관적이고 열정적이며 전반적으로

긍정적인 전망을 지닌 사람들을 항상 찾고 있다. 그들이 인간관계를 맺고자 한 사람들의 특성은 다음과 같다.

- 재정적으로 성공한 사람

- 좋은 습관을 지닌 사람

- 긍정적이고 밝고 낙관적인 사람

- 차분하고 행복한 사람

- 다른 사람과의 관계가 원만한 사람

- 다른 사람을 흉보지 않는 사람

- 영감을 주고 동기를 부여하는 사람

- 열정을 지닌 사람

- 자신의 삶에 책임감이 강한 사람

반면 그들은 해롭고 부정적인 사람들과의 만남은 제한한다는 원칙을 갖고 있다. 이 연구를 통해 부유한 사람들이 일주일에 1시간 이상 긍정적인 인간관계를 쌓는 데 시간을 썼으며, 해로운 인간관계에는 1시간 이하로 시간을 썼다는 점을 발견했다. 성공한 사람들과의 인간관계에 최대한의 시간을 쓰고 해로운 인간관계에 최소한의 시간을 쓰는 것이다. 해로운 인간관계는 이런 사람들과의 관계를 말한다.

- 주변이 항상 소란스러운 사람

- 나쁜 습관을 지닌 사람

- 부정적이고 우울해하고 불행해하고 비관적인 사람

- 끊임없이 말썽을 일으키는 사람

- 항상 다른 사람과 싸우는 사람

- 남의 이야기 하기를 좋아하는 사람

- 꿈이 없는 사람

- 열정이 없는 사람

- 피해의식이 있는 사람

- 자기 잘못을 남에게 돌리는 사람

성공 지향적인 사람들은 어디에서 만날 수 있을까? 보통 비영리단체의 이사회나 위원회에서 만나볼 수 있다. 이 때문에 그토록 많은 부유한 사람들이 자선단체, 시민단체, 교역단체에 자발적으로 참여하는 것이다. 이는 다른 성공 지향적인 사람들과의 네트워크를 확대하는 데 도움이 된다.

아직 부자가 아니거나 실직 상태라면 자원봉사에 참여하면 된다. 당신이 만들게 될 새로운 인간관계는 예상하지 못한 기회의 문을 열어줄 것이다. 실제로 부자들 중 72%는 매달 5시간 이상 자원봉사에 참여했다.

공식 혹은 비공식 지도자 단체에 참여하는 것도 방법이다. 공식 지도자 단체에는 교역단체, 사업단체, 공동이익단체 등이 있다. 비공식 집단은 비슷한 목표, 비슷한 사업, 비슷한 활동 등 공통된 것을 추구하는 엄선된 사람들과 주간/월간 모임을 갖고 전화통화를 하는 것을 의미한다. 비공식 집단은 일반적으로 구성원이 5~6명을 넘지 않는다. 예를 들어 자동차업계에서는 같은 프랜차이즈의 신차 딜러들이 분기별로 만나 정보와 성공사례를 공유한다.

나의 연구에서 다룬 자수성가한 부자들 중 80%는 인간관계를 발전시키고 강화하기 위해 다음 4가지 인간관계 구축 방법을 사용했다.

① 안부 전화: 안부 전화는 주로 만나는 사람에 대한 기본 정보를 수집하기 위해 사용한다.

② 생일축하 전화: 생일을 맞은 사람에게 축하 전화를 걸면 인생에 보탬이 되는 인간관계를 유지할 수 있다. 최소한 1년에 한 번

만 지인에게 전화를 걸어 생일을 축하한다고 말해주면 된다. 이들 중 약 5~10%는 당신의 생일에도 전화를 걸어주는 것으로 화답할 것이다.

③ 경조사 전화: 경조사를 챙기는 전화는 가장 강력한 전략이다. 인간관계를 강화하기 때문이다. 생일, 기일, 약혼일, 결혼기념일, 건강 문제 등 누군가의 삶에서 가장 중요한 날을 챙기는 것이다. 그러면 인간관계라는 나무를 더 효과적으로 깊고 빠르게 성장시킬 수 있다.

④ 인맥구축/자원봉사: 인맥구축과 자원봉사는 새로운 사람을 만날 기회가 되며 자신이 가진 기술을 안전하고 친근하고 스트레스가 없는 환경에서 보여줄 기회가 된다. 인맥을 만드는 것은 성공의 요체다. 옳은 방식으로 인맥을 만들면 고객, 단골, 사업 파트너, 추종자 등을 만들 수 있고, 이를 통해 더 많은 돈을 벌 수 있다. 자수성가한 백만장자들은 인맥구축의 달인들이다. 그들이 인맥을 만들려고 노력하는 이유는 다른 성공한 사람들과의 교제를 늘리기 위해서다. 백만장자들의 인맥구축 방법에는 여러 가지가 있다.

- **인맥구축 그룹이나 클럽에 참여한다.** 자수성가한 백만장자들은 자기만의 독특한 인맥구축 그룹을 가진 경우가 많다.

- **지역 공동체가 주관하는 봉사와 사업이 결합된 단체의 자문단에 참여한다.**

- **지역 시민단체에 합류한다.** 라이온스 클럽, 로터리 클럽, 상공회의소, 가톨릭 우애 공제회, 지역 비즈니스 클럽 등이 해당된다.

- **강연을 한다.** 강연은 아마도 가장 효율적인 인맥구축 도구일 것이다. 한 번 강연을 하면 30명 이상의 잠재적 고객·단골을 만나거나 새로운 인간관계가 맺어질 수 있다. 많은 사람이 대중 강연을 두려워한다. 그러나 백만장자들의 공통점은 공포를 이겨내는 능력을 가졌다는 것이다. 대중 강연은 당신을 보통 사람들과 구별되는 존재로 만들어주고 경쟁력 있는 장점이 된다.

- **비영리단체에 참여해서 간부가 되거나 위원회에 참여한다.** 이곳에서 당신의 능력을 선보이고 오랜 인간관계를 구축하기에 좋은 기회를 만들 수 있다. 같은 회원, 판매인, 기부자, 수혜자 등 사방에서 새로운 사람을 만나고 소개받는다. 비영리단체의 간부들은 대부분 성공하고 부유한 사람들이며 강력한 인간관계를 가지고 있다. 비영리단체에 합류하면 이 귀중한 보물에 다가갈 허가를 얻게 된다.

자수성가한 백만장자들은 특별한 사람을 발견하면 어마어마한 시간과 에너지를 들여 그들과 관계를 구축하려고 한다. 그들은 새로운 사람을 만나면 '상호성의 법칙'을 활용해서 새로운 인간관계를 아주 신속하게 거대한 삼나무로 변화시킨다.

상호성의 법칙이란 뭘까? 매일 시간을 조금씩 할애해 귀중한 지인들 중 딱 한 명의 삶을 도와준다. 매일 시간을 조금씩 할애해서 그들이 목표를 달성하는 것을 돕고, 그들의 경력과 사업에 도움을 준다. 하루 30분이면 충분하다. 그렇게 하다 보면 결국 그들도 당신의 최대 응원군, 최고의 판매원, 최고의 추천자가 될 것이다. 이 전략은 새로운 인간관계를 만드는 데도 적용된다. 성공한 사람들은 매일 상호성의 법칙을 활용한다.

비판만 하는 사람은
당신 편이
아니다

● "아무리 일하는 것이 즐거워도 인정받기보다 비판받을 때 일을 더 잘하거나 더 열심히 하는 사람을 본 적이 없다."

카네기 철강의 찰스 슈왑 전前 회장은 이렇게 말했다. 오해는 하지 말기 바란다. 비판은 성공에 필요한 요소다. 다른 사람에게 피드백을 받을 필요는 있다. 하지만 피드백이 지나치게 많으면 부정적이고 파괴적인 비판이 되고 만다. 이런 비판에는 실질적으로 구체적이고 건설적인 조언은 없다.

"당신의 판매 실적이 저조한 건 상품이 형편없기 때문이에요."

"당신은 권위적이고 거만하고 잘난 체하는 사람이에요."

"당신은 실력이 없기 때문에 실패할 거예요."

때로는 "당신은 전부 잘못하고 있어요. 직업을 바꿀 필요가 있어요"라는 말을 듣기도 한다. 대부분은 사실이겠지만 건설적이고 구체적인 피드백은 빠져 있다. 그러므로 이런 말을 듣는 것은 시간 낭비다.

당신이 듣게 되는 대부분의 비판은 불행하게도 부정적이고 파괴적인 유형의 비판들이다. 당신에게 필요한 긍정적이고 구체적이고 건설적인 비판이 아닌 것이다. 당신을 괴롭히는 사람들이 부정적인 비판밖에 못 하는 이유는 그들도 당신을 어떻게 도울지 모르기 때문이다.

그래서 그들의 조언은 일반적인 이야기일 뿐 구체적이고 건설적인 피드백이 없는 것이 당연하다. 이렇게 부정적이고 파괴적인 비판은 당신의 기분만 상하게 할 뿐이다. 기운 빠지게 만들고, 일을 더디게 만들며, 성공으로 향하는 발걸음을 방해한다. 그들은 당신이 하는 일에 절대로 도움이 안 된다.

꿈과 인생의 목표를 좇을 때는 긍정적이고 구체적이며 건설적인 비판을 해주는 사람들이 절대적으로 필요하다. 응원군을 찾고 맹목적인 비판자는 피해야 한다. 응원군은 건설적인 피드백으로 당신의 성공을 도울 것이다. 그들의 비판에는 큰 가치가 있다. 그들은 자신이 무슨 말을 하는지 잘 알고 있기 때문이다. 그들의 지식에도 가치가 있다. 그들은 당신이 지금 시도하는 일을 이미 성공해본 적이 있기 때문이다. 그들은 당신 같은 또 다른 사람을 성공하도록 도운 경험도 가지고 있을 수 있다. 그들은 먼저 성공해봤기 때문에 더욱 진중하다. 꿈을 실현하고 싶다면 당신 주변을 응원군으로 채우고 맹목적인 비판자들은 피해야 한다.

또한 자수성가한 백만장자들은 주변 사람들에게 도움을 청하는 습관이 있었다. 내 연구에 등장하는 몇몇 백만장자들은 진정으로 도와주려고 하는 사람을 가려내서 도움을 청하는 일이 도박과 같다고 말했다.

다른 사람에게 뭔가 요청해야 할 때 가장 크게 방해하는 것은 두려움이다. 두려움에는 2가지 유형이 있다. 거부당할 것이라는 두려움과 의무에 대한 두려움이다. 어떤 사람은 부탁을 거절하지만 또 어떤 사람은 부탁을 들어주고 도움을 준다.

나도 개인적으로 이 습관을 들이려고 애쓰고 있다. 처음에는 두려웠다. 미국의 경제 잡지 〈석세스Success〉는 2014년 11월 판에 나에 대한 분석 기사를 실었다. 대중의 관심을 받게 되자 나는 문득 수요를 충족할 만큼 내 책을 찍어내려면 돈이 모자랄지도 모른다는 생각이 들었다. 나는 당시 자비로 출판을 했기 때문이다. 난생

처음으로 한 백만장자에게 전화를 걸어 투자해달라고 부탁하는 용기를 내는 데 3주가 걸렸다. 나는 3주 동안 꾸물거렸다. 나는 두려움과 의구심에 사로잡혀 있었다. 하지만 나는 연구를 통해 자수성가한 백만장자들이 두려움에도 불구하고 도움을 청했다는 사실을 알아냈다. 그래서 나도 그렇게 했다.

놀랍게도 내가 가장 먼저 전화를 건 백만장자는 나에게 기꺼이 15만 달러를 투자했다. 인생에서 성공하기를 원한다면 두려움을 극복하고 긍정의 대답을 끌어낼 때까지 계속 부탁해야 한다. 성경에는 '두드려라. 그러면 열릴 것이다'라는 말이 있다. 이 말에는 많은 지혜가 담겨 있다.

대세를 따르면
대세가 될 수 없다

● 페이스북과 구글의 공통점은 무엇일까? '집단주의'다. 인간은 압도적으로 집단적 사고방식을 지니고 있다. 그렇기 때문에 10대들이 자주 집단행동을 벌이는 것이다.

사람들은 그냥 무리와 섞이고 싶어 한다. 집단 속의 일부가 되고 싶어 한다. 우리는 모두 유전적으로 그렇게 되어 있다. 인간 게놈이 진화하면서 나온 부산물이다.

인류의 진화 초기에 인간은 집단 속에 있을 때 안전하다는 것을 발견했다. 집단주의는 인류의 생존을 보장해주었다. 우리는 집단에 섞이고, 사회에 동화되고, 집단의 일원이 되기를 원한다. 그래서 우리는 혼자 있는 것을 피하려고 거의 무슨 일이든 한다. 이것은 이론이 아니라 과학이다(《또래 압박은 사회 집단 속에서 어떻게 동의, 리더십, 혁신을 형성하는가》, 에스트라다, 2013년).

수년 전 〈몰래카메라Candid Camera〉라는 미국 방송 프로그램에서 이 과학을 실험했다. 아무것도 모르는 실험 대상자가 승강기에 타면 출연자들이 그를 따라 승강기에 오른다. 승강기가 움직이기 시작하면 출연자들이 일제히 승강기 문의 반대쪽으로 몸을 돌린다. 상황을 모르는 실험 대상자는 안절부절 못하다가 잠시 후 출연자들과 같은 방향으로 몸을 돌렸다. 그때 출연자들이 다시 반대 방향으로 몸을 돌리자 실험 대상자도 똑같이 따라 했다.

많은 실험 대상자에게 이 장난을 반복했지만 결과는 언제나 같았다. 실험 대상자는 결국 집단의 행동을 따랐다. 이 방송이 흥미로운 것은 많은 사람이 집단의 일원이 되는 과정을 보여줬다는 점에 있다.

그러나 성공하고 싶다면 진짜 시도해야 하는 일은 이미 존재하는 집단에 속하는 게 아니라 자신의 집단을 만들고 사람들을 당신의 집단으로 끌어들이는 것이다.

1. 집단에서 스스로를 분리하기

우선 기존의 집단에서 스스로를 분리해야 한다. 집단에서 스스로를 분리하지 못하기 때문에 대부분 성공하지 못하는 것이다. 집단은 자신들과 다른 것을 막는다. 당신이 보다 큰 목표, 인생의 꿈, 목표를 추구하고 있다는 낌새를 눈치 채는 순간 당신에 대한 공격을 가한다. 당신은 온갖 종류의 부정적 말을 듣는다.

"실패하면 어쩔래?"

"너무 위험할 것 같아."

"네가 성공할 확률은 낮아."

"넌 그리 똑똑하지 않아."

"돈은 어떻게 벌려고 그래?"

이런 비판에 직면해도 끈기를 발휘하려면 엄청난 노력을 기울여야 한다. 대부분은 그렇지 못하다. 그들은 집단에 굴복한다.

2. 나만의 집단을 만들기

자신의 집단을 만들고 다른 사람을 거기에 참여시켜야 한다. 성공한 사람들은 자기만의 새로운 집단을 만든 다음 사람들의 주의를 끌고 그들을 끌어들였기 때문에 성공할 수 있었다. 큰 성공을 거둔 사람들은 다른 집단의 상품과 서비스를 자기 집단으로 가져왔다.

이런 '무리 창조자들'이 마치 하룻밤 사이에 성공을 이룬 것처럼 보일지 모르겠다. 하지만 다른 무리를 자기 무리로 끌어오는 데는 수년이 걸렸을 가능성이 크다. 다른 사람들을 새로운 무리로 데려오는 데 성공하면 당신이 승리한 것이다.

예를 들어보자. 페이스북이라는 집단이 형성되자 사람들이 페이스북에 가입하기 시작했다. 곧 입소문이 나고 가입자 수가 늘었다. 결국 집단에서 밀려난다고 느낀 수많은 사람이 재빨리 페이스북이라는 마차 위로 뛰어올랐다. 그 집단은 이제 수십 억 회원으로 늘어났다.

구글의 창업자들도 똑같은 일을 했다. 그들은 야후나 AOL 등 다른 집단에 있던 수많은 사람을 새로 만든 자기 집단으로 끌어들였다. 백만장자들은 큰 집단을 가지고 있으며, 억만장자들의 집단은 더 크다. 갑부들의 집단은 더 어마어마하다. 거느린 집단이 클수록 당신은 더 큰 성공을 거두게 될 것이다.

성공하려면 집단주의를 이해하는 것이 중요하다. 기존 집단에서 스스로를 분리해 자신만의 집단을 만들고 다른 사람들을 합류시켜야 한다. 처음에는 외로운 여정이다. 사람들의 주의를 끄는 데는 시간이 걸린다. 하지만 당신에게 좋은 상품과 서비스가 있고 끈기도 있다면, 당신의 집단은 성장할 것이고 막대한 보상이

뒤따를 것이다.

사람들을 자신의 집단으로 합류시키는 것이 바로 백만장자와 억만장자들이 한 일이다. 성공적인 사람들은 실제로 집단을 만드는 사람들이며 집단을 이동시키는 사람들이다.

에티켓이 당신의
인상을
결정한다

● 사람들 사이에 있을 때 어떻게 행동하고 어떤 일을 해야 하는 지를 알아야 한다. 자수성가한 백만장자들은 사회생활에 도움이 되는 특정한 에티켓을 터득한 사람들이다. 다음은 성공을 원한다면 알아두어야 할 에티켓 원칙들이다.

감사카드: 감사하다고 말하는 것은 당신의 성격을 나타내는 것이다. 누군가가 당신에게 선물을 보내면 그들에게 감사카드를 보내라. 감사 표시를 할 때 페이스북, 트위터, 인스타그램 등은 피하고 직접 카드를 써 보내라.

언제 감사카드를 보내야 할까? 누군가가 당신의 생일을 기억할 때다. 누군가가 당신의 경조사에 참석했을 때다. 여기서 경조사는 가족의 기일, 생일, 결혼기념일, 약혼일 등을 포함한다.

고객이나 단골을 소개한 사람에게도 감사카드를 보내야 한다. 당신이나 직계 가족에게 호의를 베푼 사람에게도 감사카드를 보내야 한다. 돈을 빌려준 친구나 가족에게 돈을 갚은 후 감사카드를 보내라. 누군가가 성과를 내거나 공을 세웠다면 감사카드를 보내라. 누군가가 당신이나 당신의 가족에게 선의를 베풀었다면 그들은 감사카드를 받을 만하다. 누군가가 중요한 미팅을 잡아주거나 당신이나 당신 가족에게 도움을 줬다면 감사카드를 보내라.

적절한 의사소통: 여러 사람을 만날 때는 한 사람을 5초 이상 응시한 후 다른 사람을 또 5초간 응시하라. 연습을 통해 이는 습관이 될 수 있다. 머릿속에 떠오른 생각을 전부 입 밖에 내야 하는 것은 아니다. 생각을 점검해야 한다. 속마음을 말하라는 것이 모든 생각을 말하라는 것은 아니다. 어떤 생각은 적절하지 않으며 인간관계에 돌이킬 수 없는 손상을 주기도 한다.

누구에게도 비판하지 말고, 비난하지 말고, 불평하지 마라. 그것은 금기사항이다. 그런 말을 들은 사람은 당신이 자기도 욕할 거라고 생각하고 당신을 피할 것이다. 절대로 험담을 늘어놓지 마라. 대부분의 험담은 나쁘고 부정적이며 인간관계를 손상시킨다.

지인들에 대해 최대한 많은 정보를 수집하라. 최소한 이런 정보는 알고 있어야 한다. 생일, 취미, 흥미, 출신 학교, 고향, 현재 가족(결혼은? 자녀는?), 현재 거주지, 꿈이나 목표 등이다. 당신과 친분관계에 있는 사람들에 대해 많이 알수록 그들과 효과적으로 의사소통할 재료를 확보하는 것이다. 안부 전화, 생일축하 전화를 하고 경조사를 챙겨라.

식사 에티켓: 믿지 못하겠지만 많은 사람이 식사 예절을 모른다. TV를 보면서 식사를 하거나 패스트푸드점에만 익숙한 사람이 많다. 성공한 성인의 세계에서는 사교 모임에서의 식사 예절을 배워둘 필요가 있다. 다음은 반드시 알아야 할 것들이다.

의자에 앉자마자 식탁 위의 냅킨을 집어서 무릎 위에 펼쳐놓는다. 모두에게 음식이 나오기 전까지는 식사를 시작하면 안 된다. 입을 벌리고 음식을 씹지 마라. 음식물을 씹으면서 말을 하지 않는다. 다 같이 사용하는 소스에 자기가 먹는 음식물을 담그지 마라. 게걸스럽게 먹지 마라. 다른 사람들과 식사 속도를 맞춰라. 숟가락, 포크, 칼을 주먹으로 꽉 쥐지 마라. 바깥쪽 포크는 샐러드용이고, 안쪽 포크는 메인 요리용이다. 손에 식기를 쥐고 있을 때는 몸짓을 크게 하지 마라. (소금이나 후추를 포함해) 어떤 것에도 손을 뻗지 말고 가까운 사람에게 건네달라고 부탁하라. 식탁에서 구부정한 자세를 취하지 말고 똑바로 앉아라.

식사를 마친 후에는 실례를 구한 후 화장실로 가서 치아 사이에 음식물이 끼어 있는지 점검하라. 어디를 가든 이쑤시개나 그 비슷한 것을 가지고 다녀라.

패션 에티켓: 옷 입는 에티켓을 배워야 한다. 출근이나 면접에 어울리는 특별한 방식이 있다. 당신은 모든 종류의 사교 모임에 가게 될 것이다. 결혼식, 공적인 식사, 비공식적 파티, 약혼식, 장례식, 생일 파티, 소풍 등이다. 옷 입는 방식을 배워야 한다.

• 출근 및 면접 복장: 건설이나 도로작업처럼 특수한 복장이 있는 직업이 있다. 하지만 사무실에서 일한다면 당신의 상사 혹은 더 위의 상사와 같은 복장을 하라. 캐주얼 복장을 허용하는 회사도 있고 정장에 넥타이를 매야 하는 회사도 있다. 여성의 경우는 바지나 치마 정장, 셔츠, 콤비 상의, 카디건, 구두 등을 착용한다.

• 결혼식, 장례식: 남성은 정장을 입고 넥타이를 매야 한다. 여성의 경우는 업무용 복장과 같다. 하지만 많은 여성이 멋진 사교용

드레스를 입고 싶어 한다. 일부 문화권에서는 특별한 드레스 코드가 있으며 이를 알아둘 필요가 있다.

• 공식 행사: 공식 행사에서 남성의 복장은 '블랙 타이'다. 블랙 타이란 검은색 정장이나 턱시도와 어두운 색 구두를 말한다. 여기에다 검은색 나비넥타이나 하얀색 나비넥타이를 한다. '화이트 타이'도 있는데 검은색 연미복, 흰색 윙칼라 셔츠, 흰색 나비넥타이, 검은색 구두를 말한다. 여성에게 '공식'이란 긴 드레스, 정장, 치마에 블레이저나 블라우스, 짧은 칵테일 드레스를 말한다. 신발은 예복용 구두나 힐을 신는다. 화이트 타이 행사는 드문 편이다.

적절한 자기소개: 살다 보면 자신의 의지와는 상관없이 새로운 사람들을 만나게 된다. 이는 귀중한 인간관계를 발전시킬 수 있는 기회다. 누군가는 다음 고용주가 될 수도 있다. 미래의 배우자, 최고의 친구, 미래의 동업자, 투자자, 미래의 사업 파트너가 될 수도 있다.

자기소개를 할 때는 몇 가지 기본 규칙이 있다. 미소를 지어야 한다. 악수를 할 때는 손에 힘을 줘야 한다. 상대방과 눈을 맞춰야 한다. 간단하게 자신이 누구고, 왜 그 행사에 참석했는지, 행사에서 누구와 아는 사이인지 설명해야 한다. 소개를 마친 후에는 상대방에게 간단한 질문을 던져야 한다.

기본적으로 갖춰야 할 매너들: 사람들에게 존중받기 위해 필요한 몇 가지 기본적인 매너가 있다. "부탁합니다" 그리고 "고맙습니다"라고 말하는 것이다.

다른 사람이 말을 할 때는 끼어들면 안 된다. 누군가가 자신과 다른 의견을 말하더라도 눈을 굴리면 안 된다. 누군가가 당신에게 말을 할 때는 다른 곳을 쳐다보면 안 된다. 다른 사람에게 말을 하면서 휴대폰을 들여다보지 마라.

긍정적인 표정을 유지하고 자신에 대한 비판과 부정적인 발언은 포용하라. 다른 사람을 칭찬하고 또 칭찬하라. 이벤트나 만찬 등을 주최한 사람에게 감사를 표하라. 사교 모임 중에는 욕설이나 부적절한 표현을 삼가야 한다. 절대로 무례하게 굴면 안 된다.

PART 04

무의식중에
삶을
통제하는
마음습관

믿음은 부유함을 만들어낼 수도 있고 가난함도 만들어낼 수 있다. 당신이 스스로를 영리하다고 믿으면, 그 믿음이 옳은 것이다. 당신이 스스로를 멍청하다고 믿으면, 그 믿음도 옳은 것이다.

부정적인 생각을
걷어내는
마음 챙김

● 부정적이고 파괴적인 비판은 당신을 성공 궤도에서 이탈
시킨다. 그런데 부정적인 영향은 사람에게서도 받지만 TV, 인
터넷 사이트, 신문, 라디오, 잡지, 책, 팟캐스트 등 매체에서도
받는다.

뉴스는 우리를 부정적으로 만드는 내용들로 구성되어 있다. 부
정적인 것은 누구나 가지고 태어난 두려움을 부추긴다. 현재 벌어
지는 사건들을 파악할 필요는 있지만, 뉴스에 지나치게 몰두하는
것은 나쁜 습관이다. 뉴스를 읽으면 긍정적인 생각이 거의 즉시
부정적 생각으로 바뀐다. 뉴스는 걱정, 스트레스, 슬픔 그리고 때

로는 우울증의 원인이다.

장기적인 성공은 긍정적인 태도를 가지고 있을 때만 가능하다. 내 연구에서 보면 긍정적인 태도는 모든 자수성가한 백만장자들의 특징이었다. 백만장자들 중 54%는 자신의 낙관주의가 성공의 견인차라고 믿었다. 43%는 자신이 언젠가 부자가 될 거라고 믿었다. 79%는 자신이 인생의 주인공이라고 믿었다.

우리는 대부분 정작 자기 생각은 전혀 알지 못한다. 하던 일을 멈추고 자기 생각을 잘 들어보면 그 생각들 대부분이 부정적이라는 걸 알게 될 것이다. 하지만 그저 자기 생각을 듣는 데서 그친다면 부정적인 생각을 하고 있다는 사실만 깨달을 뿐이다. 더 중요한 건 인식하는 것이다. 어떤 불교신자들은 이것을 '마음 챙김'이라고 부른다.

당신의 머릿속에 있는 이 목소리는 생리학적으로 보면 '편도체'라고 불리는 부분에서 뿜어져 나온다. 대뇌 변연계에 있는 편도체는 우리에게 말 걸기를 멈추지 않는다. 편도체가 존재하는 이유가 있다. 레이다 시스템처럼 우리에게 위험을 경고하기 위해서다. 우리를 보호하기 위해 우려, 공포, 의구심을 알린다. 위험, 포식자, 불쾌한 사람들 등에 대해 경고하고 경계를 내리는 것이다.

그래서 뭔가 새로운 것, 공인되지 않은 영역, 위험이 연관된 것 등을 시작할 때 이 목소리는 우리에게 온갖 말을 속삭인다. 목표를 설정하고 꿈을 추구하며 사업이나 프로젝트에 투자를 할 때, 새로운 직장을 찾거나 책임이 큰 지위로 승진하거나 결혼 또는 이혼을 할 때, 집을 팔거나 사거나 이사를 갈 때, 출산을 하거나 대학에 입학하거나 새로운 운동을 배울 때 이 목소리가 들린다. 때때로 이 목소리는 이런 말도 한다.

"실패할 수도, 돈을 잃을 수도, 해고당할 수도, 파산할 수도 있어."

"다치거나 사고를 당할 수도 있어."

"나 자신에게 실망할 수도 있어."

"성공하지 못할 수도 있고, 이혼할 수도 있고, 고난을 만날 수도 있어."

"나는 자격이 안 되는데 책임이 너무 무거워. 실패하면 어떡하지?"

이 부정적인 목소리들은 지금 하고 있는 일을 중단하고 안전한 지대로 돌아가라는 경고다. 대부분은 그 목소리에 굴복한다. 하지만 나는 그렇지 않은 사람들을 발견했다. 이 용감한 사람들은 그런 목소리를 무시하고 목표, 꿈, 새로운 사업기회, 인생의 새로운 도전을 추구한다. 어떻게 그렇게 할까? 어떻게 머릿속에서 들려오는 목소리에 복종하지 않을 수 있을까? 대부분의 사람들이 하던 일을 멈추는 데 반해 그들은 이 목소리를 극복하고 인내하기 위해 무엇을 할까? 그들의 방법을 소개한다.

'만약 ~ 이라면' 게임

내 연구에 등장하는 자수성가한 백만장자들은 '만약 ~ 이라면' 게임을 한다. 이 게임은 머릿속의 부정적인 목소리를 침묵시키고 의구심, 공포심, 걱정, 우려를 녹인다. 세상에서 가장 성공적인 사람들, 기업들, 연구기관들이 이 게임을 활용한다. 기본적으로 브레인스토밍 게임인데 새로운 상품이나 서비스를 만들어야 할 때, 때로는 혁신적 해결책을 마련해야 할 때 유용하다.

미국 대통령 도널드 트럼프는 자신의 저서 《챔피언처럼 생각하라 Think Like a Champion》에서 '만약 ~이라면' 게임을 통해 '악마의 목소리'를 잠재우는 법을 설명한다. 트럼프는 이 책에서 새로운 프로젝트를 검토할 때 악마의 목소리가 군대처럼 쏟아져 나온다고 고백했다. 그의 머릿속에서 나오는 목소리도 많지만, 동료들에게서 나오는 목소리도 많다.

트럼프에 따르면, 새로운 프로젝트를 검토하는 초기에 그런 목소리들은 그에게 온갖 종류의 위험을 경고한다. 예를 들어 그가 TV 프로그램 〈어프렌티스The Apprentice〉로 한창 명성을 얻고 있을 때 그것을 그만두라고 충고하는 목소리가 압도적이었다.

"그 방송은 망할 거야. 방송이 망하면 네 명성도 손상을 입겠지."

"그 방송 때문에 현재 사업에 집중이 안 될 거야. 핵심 사업에서 재정적 곤란을 겪을지도 몰라."

"그 방송 때문에 사람들이 너를 미워하면 어쩔 거야?"

"네가 그 방송에 싫증난다면?"

하지만 트럼프는 '만약 ~이라면' 게임으로 자신의 생각을 다스렸다.

"방송이 성공을 거둔다면?"

"이 방송으로 내 명성이 높아진다면?"

"내가 이 방송을 사랑하게 된다면?"

"이 방송을 해서 더 많은 돈을 벌게 된다면?"

"이 방송을 통해 뛰어난 재능을 지닌 직원을 발견하고 내 사업에 부가가치를 더하는 데 도움이 된다면?"

"전 세계의 수많은 사람이 나와 트럼프 제국을 사랑하게 된다면?"

'만약 ~이라면 게임'은 부정적인 생각을 중단시키고 이를 긍정적인 생각으로 대체한다. 또한 새로운 것이나 가치 있는 것을 추구할 때 생기는 공포, 의구심, 불확실성을 분산시킨다. 그러면 즉시 우리 사고방식이 변하고 앞으로 나아갈 용기를 준다. 어려운 결정을 해야 할 때는 '만약 ~이라면' 게임을 해보라. 악마의 목소리에 굴복하면 안된다. 만약 악마의 목소리가 전적으로 잘못된 것이라면 어쩔 것인가?

긍정연습

낙관적이고 긍정적인 습관을 들인 사람들이 학업, 스포츠, 직업에서 더 성공하고 더 행복하다는 점을 보여주는 연구결과가 많다. 5분간의 명상으로 하루를 시작해보자. 명상은 스트레스를 줄여주고 스트레스로 인한 마음의 상처도 치유해준다. 명상을 할 때 우리 뇌는 세로토닌, 도파민, 엔도르핀 등과 같은 건강한 신경전달물질을 방출한다. 이 물질들이 친근하게 들리기 시작하는가? 이 화학물질들은 긍정적이고 희열이 넘치고 행복한 감정을 만든다. 명상하는 동안 혈압은 떨어지고 부교감 신경계에 재시동을 걸어 소화기능도 정상으로 돌아온다. 하루 5~20분의 명상이면 이런 마술이 일어날 것이다. 그러니 당장 명상을 시작하는 것이 어떨까? 명상에는 많은 종류가 있지만 단순한 명상이 최고다.

1. 눈을 감고 100까지 세어보자. 숫자를 하나씩 생각하라. 모든 생각을 선로에 늘어서 있는 열차의 객차처럼 태워 보내라.
2. 숫자 세기가 끝나면 이상적이고 완벽한 인생을 그려보라. 자신이 그 완벽한 인생을 산다고 생각하라. 완벽한 가정, 완벽한 친구들, 완벽한 직업, 완벽한 집도 가지고 있다고 생각하라. 모든 금전

적 걱정이 사라진다고 생각하라. 모든 목표와 꿈이 실현된다고 생

각하라.

이것을 아침에 일어나자마자 한 번, 자기 전에 한 번, 이렇게 하루

에 두 번만 하면 아주 좋다. 스트레스로 인한 부정적인 심리적 여

파가 이 명상을 통해 가라앉을 것이다. 그러면 하루하루의 책임감

에 대해 더 잘 생각하고 대처할 수 있게 된다.

남의 벽에
당신의 사다리를
놓지 마라

● 아놀드 슈워제네거는 원래 보디빌더로 유명해졌다가 나중에
는 할리우드 명사이자 정치인이 됐다. 이 모든 것은 슈워제네거가
십대였을 때 시작되었다. 1961년에 시작되어 매우 인기 있었던 이
탈리아 영화 시리즈에서 헤라클레스 역할을 한 배우 레그 파크를
잡지에서 본 것이다.

파크에게서 영감을 받은 슈워제네거는 근력운동을 하기 시작했
고, 세계 최고의 보디빌더가 되겠다는 꿈이 생겼다. 꿈을 이루겠다
는 슈워제네거의 올곧은 노력은 전설적이다.

미스터 올림피아 보디빌딩 대회가 열리기 두 달 전 슈워제네거

의 아버지가 사망했다. 어머니는 슈워제네거에게 오스트리아로 돌아와 장례식에 참석하라고 했지만 그는 가지 않았다. 그는 장례식에 참석하면 운동에 방해가 된다고 어머니에게 말했다. 몇 년 후 슈워제네거는 대회에서 우승했기 때문에 그 결정이 옳았다고 생각했지만 그 일로 인해 어머니는 물론 당시 여자친구와의 관계도 망가졌다고 고백했다. 어머니와 여자친구 모두 그의 꿈이 아버지의 죽음에 우선한다는 것을 이해할 수 없었다.

하지만 그의 꿈은 삶의 모든 부분에 우선했다. 슈워제네거가 처음 바벨을 들어 올린 것은 1960년이다. 10년 후 그는 첫 번째 미스터 올림피아 타이틀을 따냈다. 단 하나의 목표를 추구하는 데 10년을 쓴 것이다. 슈워제네거는 이런 집중력을 배우로 성공하는 데도 적용했다. 또한 그 후에는 캘리포니아 주지사가 되겠다는 꿈에도 적용했다. 물론 이것은 극단적인 예지만, 그의 이야기는 꿈을 추구하는 데 집중하는 것이 얼마나 중요한지 확실히 알려준다.

내 연구에 나오는 자수성가한 백만장자들의 공통점은 슈워제네거처럼 열정이 있다는 점이다. 그들은 인생의 소명을 발견한 극소수의 행운아들이었다. 믿을 수 없는 부를 일군 부유한 기업가들 역시 열정을 가지고 있었다.

열정은 자신에 대한 믿음에 변화를 주고 기력, 고집, 집중력, 절제력을 준다. 내 연구에 나오는 부유한 기업가들은 꿈을 이루려는 강렬한 욕망을 지녔다. 그들은 자신의 꿈을 달성하는 데 끊임없이 집중했다. 자신의 앞길에 방해물을 허용하지 않았다. 자기 자신을 믿었다. 그들의 열정은 기적을 일으켰다. 그들은 6가지 공통점을 지녔다. 그것은 열정, 끈기, 집중, 인내, 직업윤리, 배우려는 욕망이다. 더욱 흥미로운 점은 그들이 꿈을 좇기로 결정하기 전까지는 자기가 그런 특징을 가졌다는 점을 전혀 몰랐다는 것이다.

꿈을 실현하기 위한 시동을 걸었다는 점이 그들의 성공비결이다. 열정은 다른 자질까지 불러오는 도미노 효과를 낳았고, 이것이 인생에도 영향을 미쳤다. 열정은 교육을 압도한다. 열정은 지성도 압도한다. 열정은 경력에도 이긴다. 열정은 수년간 숙련된 능력이나 기술도 압도한다. 열정은 열정이 없는 사람의 모든 장점도 압도한다. 뭔가에서 열정을 찾은 극소수의 사람들은 열정이 없는 사람을 간단하게 물리친다. 심지어 경쟁조차 안 된다.

열정은 인생에서 주요한 목표를 발견할 때 생긴다. 목표를 찾는 것이 성공을 이루는 비법이다. 목표가 있어야 열정도 생기기 때문이다. 내 연구에 등장하는 부유한 사람들의 80%는 목표를 추구해야 한다는 생각에 사로잡혀 있었다. 55%는 1년 이상 한 가지 목표를 추구했다.

여기서 핵심은 자기만의 목표를 추구하는 것이다. 다른 사람의 목표를 추구하는 실수를 저지르는 사람이 지나치게 많다. 우리가 잘되기를 바라는 부모는 우리에게 의사, 회계사, 변호사, 공학자가 되라고 한다. 많은 사람이 부모의 조언을 따르지만 수년 후 행복하지 않고 자기가 생각했던 것만큼의 돈도 벌지 못한다는 것을 깨닫는다.

다른 누군가의 벽에 당신의 사다리를 놓고 인생의 황금기를 그 사다리를 오르는 데 허비하지 마라. 다른 누군가의 꿈이나 목표를 추구할 때는 자신이 선택한 직업 때문에 결국 불행해지고 만다. 열악한 성과와 보상이 결과로 나타날 것이다. 경제적으로 힘겨워하며 근근이 살아가게 될 것이다. 그러면 성공을 부르는 데 필요한 열정을 갖지 못하게 된다.

자신만의 벽, 자신만의 꿈, 자신만의 목표를 찾고 그것을 추구해야 한다. 그것은 당신의 것이어야 하며 다른 누군가의 것이 되면 안 된다. 그래야만 자신의 진정한 소명과 인생의 의미를 발견할 것이다.

열정은 일을 재미있게 만들어준다. 에너지와 끈기와 집중력이 생겨 실패나 실수를 줄일 수 있다. 인생항로를 방해하는 장애물과 함정을 극복하게 해주는 강인함도 준다. 나의 연구에 따르면 자기만의 꿈과 목표를 추구하면 가장 오랫동안 행복할 수 있으며 가장 많은 부도 축적된다. 자기만의 목표나 인생의 꿈을 추구하는 사람은 자신의 직업을 사랑하며 가장 행복하게 산다. 돈을 버는 것은 열정을 가진 일을 해서 얻는 기쁨에 비하면 부차적인 것이다. 아이러니하게도, 당신은 상상했던 것보다 더 많은 돈을 벌게 될 것이다. 계속하다 보면 그 분야에서 전문가가 될 것이기 때문이다.

인생에서 중요한 목표를 발견하면 알게 되겠지만 그것은 심사숙고가 필요한 것이 아니라 머릿속에 문득 떠오르는 것이다. 목표를 발견했는지 의심이 들지도 않을 것이다. 의심이 든다면 목표를 아직 찾지 못한 거라고 확신해도 좋다. 억지로 목표를 찾으려고 하면 오히려 목표의 노예가 되어버린다. 그것이 만들어낸 열정은 모두 소모된다. 그 일을 할 때 행복을 느끼고 행복해지는 일을 하기 위해 아침에 일어나는 것을 학수고대할 때 당신은 인생의 주요 목표를 찾았음을 알게 될 것이다.

인생의 주요 목표는 어떻게 발견할까? 믿지 않을지 모르겠지만 스스로의 힘으로 충분히 인생의 목표를 발견할 수 있다. 다음 예를 보면서 따라 해보자.

[인생의 주요 목표 발견하기]

설명	직업	행복	소득	계
반장 선거 출마	정치가, 선거운동 매니저, 전문강사	1	3	4
고등학교 때 스키 클럽 창단	이벤트 플래너	2	2	4
대학 시절 농구 감독	농구 감독	3	4	7
대학 시절 자동차 판매 아르바이트	자동차 세일즈맨, 신차 대리점 운영자	6	1	7
학교 신문 기고	기자 작가	4	5	9
고등학교 때 ROTC 활동	직업군인	5	6	11

① '설명' 줄에는 인생에서 당신을 행복하게 해준 모든 기억을 적어라. 많을수록 좋다.

② 작성한 기억들 중에서 기술과 관련된 항목들을 표시하라.

③ '직업' 줄에는 표시된 항목들 각각에 해당하는 직업을 적어보라.

④ '행복' 줄에는 행복을 기준으로 순위를 정하라. 행복감이 가장 큰 것이 1번이고, 그다음 큰 것이 2번이다.

⑤ '소득' 줄에는 소득을 기준으로 순위를 정하라. 소득이 가장 큰 것이 1번이고, 그다음 큰 것이 2번이다.

⑥ '계' 줄에는 세 번째 줄과 네 번째 줄에 적은 숫자를 더한 점수

를 넣어라. 점수가 가장 낮은 것이 당신 인생의 주요 목표다.

설명	직업	행복	소득	계

인생의 주요 목표가 될 수 있는 몇 가지 활동을 찾았는가? 그렇다면 이제 그중 하나를 6개월간 직접 해보자. 만약 6개월 후에도 그 활동에 완전히 몰두가 안 된다면 다음 활동으로 바꿔라.

매일 하게 되는 활동이 있다면 인생의 주요 목표를 발견한 것으로 여겨도 된다. 당신은 그 일에 사로잡히게 된다. 그 일에 대해서만 생각하게 된다. 죽는 날까지 할 거라는 느낌이 오는 일이 바로 주요 목표다.

당신이 하는 활동이 일처럼 느껴지지 않으면 바로 주요 목표를 발견한 것이다. 주요 목표를 좇을 때는 시간이 금방 지나간다. 열정이 스며들면 주요 목표를 발견했다는 것을 알게 될 것이다.

무엇을 믿느냐가 무엇이 되느냐를 결정한다

● 내가 아홉 살 때였다. 화가 난 아버지가 "이 멍청한 녀석, 넌 머리가 목에 단단히 붙어 있지 않으면 틀림없이 잃어버리고 다닐 녀석이야"라고 말했다. 나는 그 말을 들은 장소와 시간은 물론이고 나 자신이 멍청하다고 느꼈던 것도 생생히 기억하고 있다. 그 때 느꼈던 강력한 부정적인 감정 때문에 그것은 믿음이 되었다. 일단 그 믿음을 받아들이자 온갖 나쁜 행동을 하게 됐고 결국 나쁜 습관이 됐다.

나는 숙제를 그만두었고 학교에 관심을 끊었으며 수업에도 참여하지 않았다. 내가 왜 숙제를 해야 하고, 학교에 관심을 갖고, 수업에 참여해야 한다는 말인가? 너무 멍청해서 A를 받을 수도 없는데 말이다. 스스로를 제한하는 믿음 때문에 나는 학교를 싫어하게 되었다. 학교를 떠올리면 내가 멍청하다는 믿음만 연상되었다. 이 믿음을 받아들인 결과 나는 수년간 학습에 지장을 주는 습관을 받아들이고 말았다.

그러나 믿음이 놀라운 점은, 아무리 깊이 뿌리박혀 있더라도 변할 수 있다는 점이다. 믿음은 끝까지 고수할 필요가 없다는 사실을 나는 중학교 2학년 때 비로소 깨달았다. 과학교사 서머스 선생님을 만나고 나서였다. 아름답고 친절한 선생님에게 나를 포함한 우리 반 남학생들은 모두 홀딱 반했다.

학기 초에 나는 과학에서 낙제를 했다. 낙제 후 또 한 번 시험을 치르게 되었을 때 서머스 선생님은 나에게 방과 후 남으라고 했다. 당시 나는 방과 후 남는 것이 일상이었기에 이번에도 분명 잔소리를 듣거나 낙제할 것이라고 짐작했다.

하지만 서머스 선생님은 뜻밖의 말을 했다.

"나는 네가 아주 영리하다고 믿어."

그러고는 정작 내가 그 사실을 믿지 않는 것이 문제라고 말했다. 서머스 선생님은 다시 한 번 내가 영리하다고 믿는다고 말했다.

"네가 원한다면 다음 시험에서는 높은 점수를 받을 거라고 믿어"

라고도 말했다. 사실 서머스 선생님은 한 발 더 나아갔다. "다음 시험에서 네가 가장 좋은 점수를 받을 거라고 믿어"라고 말한 것이다.

나는 그날 버스를 타고 집으로 돌아오면서 사흘 후에 있을 과학 시험을 이미 준비하기 시작했다. 나는 그 빌어먹을 시험을 치르기 위해 사흘 밤을 꼬박 공부했다. 그렇게 열심히 공부한 적이 없었다. 지금도 그 사흘이 마치 어제 일처럼 생생하다. 그다음에 일어난 일 때문이다.

서머스 선생님이 내 시험 점수를 건네줬을 때, 큰 글씨로 '99점'이라고 적혀 있었다. 우리 반에서 두 번째로 높은 점수였다. 내 생애 99점을 받은 적은 단 한 번도 없었다. 서머스 선생님은 나를 교실 앞으로 불러서 반 아이들 모두에게 내가 참 영리하다고 말했다. 내게는 마치 1시간처럼 길게 느껴졌다. 내가 99점을 받았을 때 느꼈던 기쁨은 물론 서머스 선생님이 나를 기쁘게 해준 그 방식까지도 오늘날까지 나에게 남아 있다. 나는 영리해진 기분이었다.

서머스 선생님이 나의 부정적인 믿음을 없앨 수 있었던 것은 내가 시험을 잘본 후 느낀 강력한 감정 때문이었다. 서머스 선생님은 반 아이들이 보는 앞에서 한바탕 이벤트를 통해 내게 그러한 감정을 불러일으켰다. 한 사람의 말이 내 인생을 영원히 바꾸었다.

프로그래밍을 통해 믿음이라고 알려진 새로운 감정을 만들어냈다. 단 사흘 만에 그것이 가능했다.

나는 이후 중학교 내내, 그리고 고등학교와 대학교에서도 B+를 유지했다. 나는 심지어 공인회계사CPA 시험에도 합격했고, 세금 관련 석사학위를 땄으며, 10시간짜리 시험인 국제공인재무설계사CFP시험도 단번에 통과했다. 내가 영리하다는 새로운 믿음은 나의 평생의 학습습관을 바꿔놓았다.

믿음은 부유함을 만들어낼 수도 있고 가난함도 만들어낼 수도 있다. 당신이 스스로를 영리하다고 믿으면, 그 믿음이 옳은 것이다. 당신이 스스로를 멍청하다고 믿으면, 그 믿음도 옳은 것이다. 인생은 달콤하다고 믿는다면 그 믿음이 옳은 것이다. 인생은 투쟁이라고 믿는다면 그 믿음 또한 옳은 것이다. 무엇을 믿느냐에 따라 우리가 무엇이 되는지가 결정된다. 이것은 미신이 아니라 과학적으로 설명되는 사실이다.

뇌의 처리 능력 중 무려 80%가 잠재의식에 관한 부분이고 의식적인 부분은 20%에 불과하다. 80%가 자율신경계를 통제하고 행동을 지시하고 습관을 저장한다. 또한 이곳이 우리의 감정과 믿음이 상주하는 장소다.

우리는 매일 어마어마한 정보를 오감으로 받아들이지만 전두엽

피질(의식)은 그런 감각 정보를 거의 받아들이지 않는다. 대신 해마와 망상 활성계(잠재의식)가 그 모든 감각 정보를 받아들이며, 그것을 의식과는 공유하지 않는다. 의식과 공유한다면 아마 우리 의식은 압도당해서 무의식으로 빠져버릴 것이기 때문이다. 대신 망상 활성계는 잠재의식이 포착하는 정보들 중에 특정 정보만 의식하도록 걸러주는 역할을 한다. 그렇게 해서 의식으로 들어갈 수 있는 정보는 3가지다.

첫째는 생존에 필요한 정보다. 우리 의식은 감각을 통해 위협을 포착하고 즉각적으로 잠재적인 위협을 해마와 편도체에 전달한다. 그 위협이 진짜라면 우리가 싸우거나 도망가는 동안 의식은 꺼지고 잠재의식의 일부인 변연계와 뇌간은 즉시 동작을 제어하는 소뇌에게 움직이도록 지시한다. 치명적인 사고의 희생자가 반응을 보이지 않아 쇼크 상태에 있다고 할 때 이런 후유증을 볼 수 있다. 전두엽 피질은 멈췄는데 잠재의식은 작동하고 있는 것이다.

두 번째는 꿈이나 목표에 관련된 정보다. 우리가 꿈과 목표를 추구할 때 망상 활성계는 어떤 정보를 접촉했는지 의식에 알린다. 그것은 꿈을 이루거나 목적을 달성하는 데 중요한 정보다. 꿈과 목표에 관해서는 잠재의식이 직관과 예감을 통해 의식과 의사소통을 한다. 우리는 이를 '머릿속 목소리'라고 부른다.

마지막으로 자신의 믿음에 관련된 정보다. 망상 활성계는 우리 믿음에 부합하는 정보를 공유한다. 믿음은 잠재의식이 받아들인 감정적인 생각들이 체계를 이룬 것과 같다. 그 체계는 어떤 감정적 사건들로 생긴 작은 믿음들로 이루어져 있다.

믿음은 자기와의 대화(내적)와 진실로 믿는 다른 사람들의 발언(외적)을 통해, 혹은 강력한 감정에 기반을 둔 인생의 사건들을 통해 형성된다. 믿음은 우리가 살면서 얻은 것들로 이루어진다. 많은 것이 유년기에 만들어지고 부모, 형제, 주변 환경의 영향도 받는다. 부모, 친구, 교사 등 가장 가까운 사람들은 우리 믿음의 근원이다. 그들에게 긍정적인 반응을 얻어서 형성되는 믿음도 있고, 부정적인 반응으로 형성되는 믿음도 있다. 그들의 반응에 대해 강렬한 감정이 생기면 믿음이 되고 행동이 바뀐다. 어린 시절에 확립된 믿음은 성인이 되어도 이어진다. 긍정적인 믿음은 우리에게 성취 능력을 주지만 부정적이고 제한적인 믿음은 우리를 후퇴시키며 가능성을 없앤다.

따라서 부모, 교사, 회사 매니저, 그리고 권한을 지닌 누구든 아이들, 학생, 직원 등의 부정적이고 제한적인 나쁜 습관을 제거해줄 능력이 있다. 누군가에게 영향력을 발휘할 위치에 있다면 긍정적인 통찰을 일깨워줄 필요가 있다. 한 사람이 다른 사람의 인생 전체를 바꿀 수 있다. 믿음만 바꿔주면 되는 것이다. 나쁜 습관은 영원히 없애줄 수 있다.

믿음은 습관을 형성하는 데 중요한 역할을 한다. 좋은 습관을 가지고 있다면, 강력한 긍정적인 믿음이 좋은 습관에 동력을 실어주고 있기 때문이다. 나쁜 습관을 가지고 있다면, 그것은 부정적이고 제한적인 믿음 때문이다. 자신이 영리하다고 믿으면 좋은 학습습관이 형성된다. 자신을 멍청하다고 믿으면 나쁜 학습습관이 형성된다. 믿음이 일단 생기면, 뇌는 그 믿음 주변으로 습관을 만들어낸다. 활동과 행동을 간소화하기 위해서다.

우리의 믿음은 우리가 사는 인생을 만들어낸다. 만약 우리가 현재 재정 상태에 만족하지 못한다면, 우리는 믿음을 바꿀 필요가 있다. 불행하다고 느끼고 환경을 바꾸고 싶다면 제한적인 믿음을 긍정적인 믿음, 희망을 주는 믿음으로 대체해야 한다.

잠시 단절하면
성공의 문은
열린다

● "사람들 중 5%는 생각을 하고, 10%는 자신이 생각한다고 생각하며, 나머지 85%는 생각하느니 죽는 게 낫다고 말한다."

에디슨의 말이다. 나의 연구에서 한 가지 두드러진 점은 자수성가한 백만장자들에게 '생각'이 대단히 중요했다는 점이다. 그들은 매일은 아니더라도 자주 생각하는 습관을 가지고 있었다. 그 습관을 추적하면서 명백해진 것은 생각이 성공의 열쇠라는 점이다. 그래서 생각은 부유해지는 습관 중 하나다.

자수성가한 백만장자들은 세상과 잠시 단절하고 혼자 생각하는 습관을 가지고 있다. 대부분은 아침마다 생각하는 습관이 있다. 차로 출퇴근하면서 생각하는 사람도 있다. 어떤 사람은 샤워를 하면서, 또 어떤 사람은 밤에 생각을 한다. 하지만 생각하는 시간은 아침이 압도적으로 많다.

그들은 보통 일어나자마자 조용한 장소를 찾아 생각에 잠긴다. 얼마나 오래 생각할까? 내 연구에서는 15~30분이었다. 무엇을 생각할까? 아주 많은 것을 생각한다.

그들은 대부분 사람들이 말하는 '브레인스토밍' 방식으로 생각한다. 날마다 혼자서 많은 것을 브레인스토밍하며 시간을 보낸다. 주제에 관해 생각하는 대로 떠올려보는 것이다. 주로 생각하는 주제는 10가지를 꼽을 수 있다.

① **직업**: 백만장자들이 스스로에게 묻는 질문에는 다음과 같은 것들이 포함된다. 돈을 더 벌기 위해서 무엇을 할 수 있을까? 나의 고객, 단골, 고용주에게 내 가치를 높이려면 어떻게 해야 할까? 전문성을 확보하려면 어떻게 해야 할까? 부수적으로 갖추어야 할 기술은 무엇인가? 내가 더 읽어야 할 책은 무엇인가? 나는 내가 하는 일이 좋은가? 내가 하고 싶은 일은 무엇인가? 내가 좋아하는 일을 하면서 돈을 벌 수 있을까? 내 직업을 바꿀 수 있을까? 내가 일하는 시간을 더 연장할 수 있을까? 내가 일하는 시간을 줄일 수

있을까? 나는 열심히 일하고 있는가? 나는 게으른가? 내가 진정으로 잘하는 일은 무엇인가? 내가 정말로 못하는 일은 무엇인가? 내 일을 하면서 나는 행복한가?

② 재정: 나는 지나치게 돈을 많이 쓰고 있는가? 저축은 충분한가? 은퇴자금은 충분한가? 은퇴자금은 얼마나 필요한가? 아이의 대학 교육비는 충분한가? 나는 매월 실제로 얼마나 쓰고 있는가? 예산을 만들어야 하는가? 예산을 수정해야 하는가? 나는 투자를 잘하고 있는가? 내 배우자는 투자를 잘하고 있는가? 세금을 너무 많이 내고 있는 것은 아닌가? 생명보험은 충분한가? 자녀를 위해 신탁금을 만들어야 할까?

③ 가족: 나는 가족과 충분한 시간을 보내고 있는가? 나는 일하는 시간을 줄이고 가족과 더 많은 시간을 보낼 수 있는가? 나는 아이들을 버릇없이 키우고 있지 않은가? 나는 자녀들에게 지나치게 엄한가? 올해 휴가를 떠날 수 있을까? 나는 자녀들의 성공을 도울 수 있을까? 어떻게 하면 배우자와 자녀들과의 관계를 개선할 수 있을까?

④ 친구: 나는 친구가 많은가? 친구와 충분한 시간을 보내고 있

는가? 나는 왜 친구가 많지 않은가? 더 많은 친구를 만들려면 어떻게 해야 하는가? 일이 너무 많아서 사교 모임을 등한시하고 있지는 않은가? 나는 친구들에게 전화를 잘 하는가? 친구들과의 모임에는 얼마나 자주 연락을 해야 하는가? 한동안 연락을 못한 친구가 있는가? 나에게는 좋은 친구가 있는가? 절교한 친구가 있다면 왜 그랬는가? 친구를 경제적으로 도와야 하는가?

⑤ **사업 관계:** 사업상 친분관계를 발전시키려면 어떻게 해야 하는가? 주요 고객과 관계를 잘 유지하고 있는가? 어떻게 누군가와 비즈니스 관계를 만들 수 있을까? 어떤 비즈니스 관계에 시간을 더 쏟아야 하고 어떤 사람들을 멀리해야 하는가? 나의 고객들은 나를 좋아하는가? 그들은 내가 일을 잘하고 있다고 생각할까?

⑥ **건강:** 나는 운동을 충분히 하고 있는가? 살을 더 빼야 하는가? 나는 과식하는가? 나의 식단은 건강한가? 신체검사를 받아야 하는가? 비타민·영양보충제를 먹어야 하는가? 나는 대장내시경 검사를 받아야 하는가? 나에게 동맥경화 증상이 있는가? 나의 수면은 충분한가? 나는 과음을 하는가? 나는 담배를 끊어야 하는가? 정크푸드를 끊어야 하는가? 채소를 더 많이 먹어야 하는가?

⑦ **꿈과 목표의 설정:** 내 연구에서는 대부분 개인적, 경제적이거나 가족 및 직업과 관련된 꿈과 목표에 관련된다. 가령, 은퇴 후 바닷가에 사는 것, 보트를 사는 것, 사업을 확장하는 것, 별장을 사는 것 등이다.

⑧ **문제점:** 내 연구에 참여한 사람들은 주로 스트레스의 원인에 대한 해결책을 찾기 위해 브레인스토밍을 했다. 대부분은 일과 가족에 관련된 문제들이었다. 일부는 장기적이고 미래에 나타날 가능성이 있는 (대부분 직업과 관련된) 문제들과 관련이 있었다.

⑨ **자선활동:** 내가 참여할 수 있는 자선활동은 무엇인가? 내가 몸담고 있는 종교기관이나 회사에 최선을 다하고 있는가? 내가 속한 공동체를 도우려면 어떻게 해야 하는가? 내가 졸업한 중학교, 고등학교, 대학교를 위해 무엇을 할 수 있는가? 장학금을 만들 것인가? 학교나 종교단체에 대한 기부금을 늘릴 것인가? 내가 도울 수 있는 사람은 누구인가?

⑩ **행복:** 나는 행복한가? 나를 불행하게 만드는 것은 무엇인가? 나를 불행하게 만드는 것을 어떻게 제거할 수 있을까? 내 배우자

는 행복한가? 내 자녀는 행복한가? 내 직원들은 행복한가? 내가 더 행복해지려면 어떻게 해야 할까? 행복이란 무엇인가? 나는 행복해질 수 있을까? 나를 행복하게 만드는 것은 무엇인가?

생각할 것이 너무 많다는 것은 나도 안다. 하지만 생각할 수 있는 날도 얼마든지 많다. 당신은 생각을 습관으로 만들기만 하면 된다. 결국 시간이 지나면 당신을 압박하는 대부분의 문제들에 대한 해결책을 만나게 될 것이다. 문제를 해결하는 통찰력을 얻게 될 것이다.

매일 생각을 하면 당신의 인생에서 의미를 찾는 데도 도움이 될 것이다. 자수성가한 백만장자들은 매일 생각하는 것을 습관으로 만들었다. 그것은 성공이라는 퍼즐의 중요한 조각이다. 그들이 생각하는 습관을 들인 이유보다 더 중요한 것은 그들이 그렇게 했다는 사실이다. 그것도 매일 말이다.

성공한 사람은
포기하지 않은
사람이다

● 내 연구에 나오는 자수성가한 백만장자들 중 51%는 자신의 기업체를 운영하고 있다. 부의 축적을 향한 여정에서 많은 사람이 돈을 잃는다. 그들 역시 꿈을 실현하려고 자금을 투자했지만 대부분 은행, 가족, 친구들에게 빚을 졌다. 그들 중 27%는 적어도 한 번은 망해본 적이 있다.

자수성가한 백만장자들은 사업에 본격적으로 뛰어들기 전에 먼저 새로운 벤처기업을 운영하며 시험을 했다. 위험에는 반드시 대가가 따른다. 임시직으로든 제한된 범위 내에서든 새로운 벤처기업에 참여해보면 자신의 사업에 본격적으로 뛰어들기로 결정할 때, 즉 모든 자원과 시간을 쏟아 붓기로 결정할 때 활용할 수 있는 귀중한 정보를 얻게 된다. 부를 추구하려면 위험을 감수해야 한다. 대부분은 그렇게 하지 않는다. 그렇기 때문에 대부분 부자가 못 되는 것이다.

역경이라는 배움터는 아마도 좋은 습관을 획득하는 가장 어려운 방법일 것이다. 사업체를 운영하거나 시작할 때는 많은 실수를 저지르게 된다. 사업에서 실수를 저지르면 시간과 돈이 소모된다. 시간과 돈이 소모되기 때문에 교훈이 달라붙는 것이다.

교훈을 얻으면서 해야 할 것과 하지 말아야 할 것을 파악할 수 있게 된 역경이라는 배움터를 통해 스스로 자신의 멘토가 된다. 세계에서 가장 성공한 기업들은 실패라는 산꼭대기 위에 세워졌다. 성공한 기업을 소유한 사람일수록 실수도 많이 했을 가능성이 높다.

여기서 중요한 점은 그들이 다시 시작했다는 것이다. 그들은 실패하고 실수를 저질렀다. 그러나 실패와 실수에서 얻은 교훈을 이용했고, 그것은 궁극적으로 성공을 거두는 데 도움이 되었다. 실패와 실수의 잿더미 속에서 다시 일어나는 불사조처럼 더 현명해지고 부유해졌다.

자수성가한 백만장자들은 끈기가 있다. 그들은 절대로 꿈을 포기하지 않는다. 꿈을 포기하느니 차라리 죽는 게 더 낫다고 생각한다. 끈기는 어떤 일을 매일 하게 만들고 이를 통해 인생의 꿈이나 목표를 향해 전진하게 만든다. 끈기가 있으면 일을 중단하지 않는다. 어떤 방해물, 실수, 순간적인 실패도 전진을 막지 못한다. 당신은 과정이 진행되는 동안 중심을 돌리고 경로를 바꾸는 법을 배우게 된다.

끈기 있게 하다 보면 효과가 없는 일이 뭔지 알게 된다. 그리고 효과가 있는 일을 찾을 때까지 계속 시험해볼 수 있다. 끈기는 행운을 만들어내는 가장 큰 요소다. 끈기가 있는 사람은 결국 행운을 얻는다. 끈기 있게 하는 사람에게는 의도하지 않았고 예상하지도 못했던 일이 찾아온다.

주변 사람들은 당신에게 용기를 주고 격려하기도 하지만, 성공의 여정에 반드시 나타나는 방해물과 실패에 영향을 받는 사람들은 당신의 끈기를 꺾으려 들 것이다. 반대하는 사람들이 많을 때 성공을 이루려면 거의 초인적인 노력이 필요하다. 그렇기 때문에 성공한 사람이 특별하고 드문 것이다. 인생에서 성공을 거두려면 끝이 없을 것 같은 역경에 직면했을 때 끈기를 발휘해야 한다. 성공한 사람은 절대로 포기하지 않았기 때문에 성공한 것이다!

PART 05

21일
습관 바꾸기
프로그램

나는 350명이 넘는 부자와 가난한 사람들의 습관을 연구하면서 습관을 쉽게 바꾸게 해주는 법칙들을 발견하게 됐다. 그래서 단 3주, 21일 만에 습관을 바꾸는 프로그램을 만들었다.

3주 만에 습관을
바꿀 수 있다

● 지금까지 부유해지는 습관과 가난해지는 습관의 차이에 대해 알아보았다. 이제 습관 시소에 관해 이야기할 때가 되었다. 시소를 하나 그려보자. 그런 다음 시소의 한쪽에 당신이 지닌 모든 부유해지는 습관이 있고 다른 한쪽에는 가난해지는 습관이 있다고 상상하자.

부자가 되기를 원한다면 당신의 모든 습관 중 50% 이상이 부유해지는 습관이어야 한다. 만약 당신이 가난하다면, 이는 당신의 습관들 중 50% 이상이 가난해지는 습관이기 때문이다. 만약 당신이 중산층이라면, 습관 시소에서 부자가 되는 습관과 가난해지는 습관이 절반씩 있다는 의미다.

습관 시소를 부를 축적하는 올바른 방향으로 기울어지도록 해야 한다. 이것은 아주 쉬운 일이다. 몇 가지 습관을 바꾸기만 하면 된다. 예를 들어, 당신이 중산층인데 부유해지고 싶다면 두세 가지의 부유해지는 습관만 추가하면 된다. 혹은 가난해지는 습관 두세 가지만 제거하면 된다. 만약 당신이 가난한데 부유해지고 싶다면 부유해지는 습관을 더 많이 더하거나 가난해지는 습관을 더 많이 없애면 된다. 사실 부유해지는 것과 가난해지는 것 사이에는 그렇게 큰 차이가 없다. 단지 일상의 습관들 중 몇 가지만 바꾸면 되는 것이다.

습관에 관한 연구에 따르면 인간의 일상 행동 가운데 평균 40%가 습관이라고 한다(《습관에 대한 새로운 시각》, 우드&닐, 듀크대, 2006년). 습관에는 육체적인 습관과 정신적인 습관이 모두 포함된다. 일상의 습관은 무의식적으로 우리 삶을 통제한다. 우리 일상의 40%는 자동으로 작동한다는 뜻이다. 하루 중 40%의 시간 동안에는 내가 뭘 하는지 의식조차 하지 않는다. 좀비 상태로 있는 것이다.

습관은 지루해 보일지 모르지만, 성공할 것이냐 실패할 것이냐 혹은 평범해질 것이냐를 결정하는 비밀이다. 육체적인 습관이든 정신적인 습관이든, 습관에 따른 행동과 선택은 부유해지거나 가난해지는 원인이 된다. 부모, 멘토 혹은 역경이라는 경험에서 좋은 습관을 배운 사람은 인생에서도 앞서나간다. 그들의 인생은 남다르다. 그들이 이 세상을 지배하는 것이다.

그들은 존경을 받고 이 세상 돈의 대부분을 벌어들이며, 좋은 일상의 습관을 가지지 못한 수많은 사람의 삶을 통제한다. 습관은 해변의 저택에 살 것인지, 빈민가에 살 것인지를 결정하는 요인이다. 습관은 연간 소득이 커질지 아니면 하루하루 겨우 먹고 살지, 자녀들을 명문대에 보낼지 아니면 겨우 고등학교만 마치게 할지를 결정하는 원인이 된다.

좋은 일상 습관을 가지고 있는가? 그렇다면 다행이다. 나쁜 일상 습관을 가지고 있는가? 그렇다면 위험하다. 당신은 지금 부유해질 수도 있고 가난해질 수도 있는 갈림길에 서 있다. 습관은 부나 가난, 행복이나 불행의 원인이다. 핵심은 습관 시소가 바른 방향으로 기울어지게 해야 한다는 것이다.

내가 뭘 하고 있는지 모른다면 단 하나의 습관도 바꾸기 어렵다. 습관을 바꾸려고 하면 뇌가 저항한다는 점을 기억하자. 그래서 새로 습관을 들이더라도 대부분 몇 주 만에 사라진다. 또한 오래된 습관을 없애려고 해도 몇 주가 지나면 뇌는 옛날 습관을 돌려놓으려고 애쓴다. 결국 동기와 의지가 사라지거나 스트레스를 받아 오래된 습관이 다시 고개를 든다.

습관을 바꾸는 요령을 모른다면 '극도로 혐오스러운 것'에 의존해보자. 극도로 혐오스러운 것은 본질적으로 바닥을 치는 것이다. 단순히 자기 인생에 질리면 초인적인 의지력이 생겨서 습관을 바꾸게 된다. 하지만 그런 경우는 매우 드물다. 그런 순간을 위해 인생이 망가지기 직전까지, 바닥을 칠 때까지 기다리고 싶지는 않을 것이다.

나는 350명이 넘는 부자와 가난한 사람들의 습관을 연구하면서 습관을 쉽게 바꾸게 해주는 법칙들을 발견하게 됐다. 그래서 단 3주, 21일 만에 습관을 바꾸는 프로그램을 만들었다. 인생의 바닥을 치지 않기 위해 간단하고, 따라 하기 쉬운 습관 바꾸기 프로그램이다.

이 프로그램 외에도 뇌를 속여서 뇌와 싸우지 않고 습관을 바꾸는 최신 과학결과를 소개할 것이다. 지금까지 많은 이야기를 한 이유는 바로 이것을 시작하기 위해서다. 자, 이제 안전벨트를 매고 출발할 준비를 하자. 당신의 삶이 꿈에서나 봤던 모습으로 변화하기 직전이다. 이제 출발한다!

내가 꿈꾸는
삶을
적어보자

● 자수성가한 백만장자들은 우연히 성공한 것이 아니다. 그들은 기적 같은 행운을 그저 받기만 한 수혜자가 아니다. 성공을 향한 여정은 언제나 비전에서 시작된다. 어떤 사람이 되고 싶은지, 자신과 가족을 위해 어떤 인생을 살고 싶은지에 대한 비전이다.

내 연구에 등장하는 자수성가한 백만장자의 61%는 '꿈을 설정했다.' 자신이 생각하는 이상적인 미래의 삶을 대본처럼 써보는 것이다. 당신의 꿈이 다 이루어졌다는 상상을 하면서 미래의 삶과 미래의 당신을 그려보자.

미래의 편지는 해마는 물론 망상 활성계RAS를 켠다. RAS와 해마는 일단 한번 켜지면 배후에서 당신이 바라는 새로운 인생을 끌어들이는 방법을 모색한다. 그것들은 드론과 같아서 목표물을 발견하도록 짜여 있다. 여기서 목표물은 당신의 꿈을 실현하는 데 필요한 모든 것이다.

RAS 덕분에 당신의 감각들은 마지막 목적지에 이를 수 있는 것이라면 뭐든 집어내도록 프로그래밍 된다. 그런데 집어낸 정보들을 해마는 목표를 달성하거나 꿈을 실현하는 데 도움이 될지 판단한다. 그러므로 RAS가 켜질 때라야 당신은 진정으로 볼 수 있게 된다. 언제나 존재하던 기회를 포착할 수 있게 되는 것이다.

잠재의식을 다시 프로그래밍하고 인생을 완전히 바꿀 수 있는 방법을 소개한다. 이 방법을 다시 프로그래밍한 것이 굳어지고 부정적 사고방식은 긍정적 사고방식으로 변하게 된다.

미래의 편지 쓰기: 미래의 편지를 쓰는 일은 아주 재미있고 상상력을 계속 발전시킬 수 있는 일이다. 편지를 다 쓰고 나면, 자기 자신에 대해 금방 좋은 감정을 느끼게 될 것이다. 상상력을 발휘해야 하기 때문에 아이들도 이 활동을 좋아할 것이다.

5년, 10년, 혹은 20년 후를 상상해보자. 여기서는 5년 후의 미래를 상상해보겠다. 지금부터 5년 후를 상상하고 자기 자신에게 편지를 쓰자. 자신의 인생이 어떨 것인지 설명하는 글이다.

지금으로부터 5년 후의 자신의 인생이 어떨지 상상해보라. 5년 후의 인생은 완벽하고 이상적이기를 바랄 것이다. 지금 손가락 하나로 된다면 가지고 싶은 인생이다. 어디에 살지, 어떤 집에 살지, 어떤 차를 몰지, 어떤 일을 하고 살지, 돈을 얼마나 벌지 등을 적어라. 지난 5년 동안 무슨 일을 했는지도 적어야 한다. 특히 성취한 목표와 실현한 꿈을 적어야 한다. 미래의 편지는 나의 기준에서 미래의 '완벽한' 인생에 대한 청사진이 될 것이다.

습관이 답이다

자기 부고 기사 쓰기: 자신의 사망 기사를 써보면 현재 인생을 평가하고 미래를 위한 계획을 다시 세울 기회도 생긴다. 부고 기사에 뭐라고 쓸 것인가? 이 세상이 당신을 어떻게 기억하도록 만들고 싶은가? 자신이 인생에서 이룬 모든 성과를 기록해야 한다. 하나도 빼먹으면 안 된다. 살면서 이룬 모든 꿈을 다 적어야 한다.

자신의 부고를 쓰고 나면 자기 인생에 대해 경외감이 생길 것이다. 실제로 적어봐야 한다. 자신의 훌륭한 면을 다 쏟아내어야 한다. 당신이 멋진 인생을 산 사람이라고 색을 입혀야 한다. 미래의 편지와 마찬가지로 이 부고가 새롭고 멋진 인생을 위한 청사진이 되도록 만들자.

자신의 꿈과 소망 적기: 미래의 편지와 부고에서 찾아낸 모든 꿈이나 소망을 목록으로 작성해보자. 그런 다음 이를 5년 후 성취하고 싶은 5개의 소망이나 꿈으로 압축하라.

꿈과 소망을 바탕으로 목표 설정하기: 내가 진행한 연구에 등장하는 백만장자들의 55%는 자신의 꿈과 소망에서 목표를 설정했다. 실제로 꿈을 달성하는 데는 과정이 있다. 목표 설정은 과정의 한 부분일 뿐이다. 꿈을 달성하기 위해서는 우선 꿈을 설정해야 한다. 목표는 현실로 변한다. 하지만 꿈이나 소망을 규정한 이후에나 목표 설정 과정이 시작된다. 앞서 규정한 소망을 바탕으로 목표를 설정해보자.

미래를 그리는
7가지 키워드

● 나는 연구를 통해 성공한 사람들이 이상적인 삶을 위한 청사
진을 그리기 위해 7가지 키워드에 주목한다는 것을 발견했다. 7개
의 키워드에 따라 원하는 삶을 정의해보는 것이다.

10년, 15년, 혹은 20년 후 당신이 꿈꾸는 이상적인 삶은 어떤 것
인지 스스로에게 질문하라. 그리고 구체적으로 어떻고 살고 있을
지 조목조목 적어라. 그때 벌게 될 돈, 살게 될 집, 가지고 있을 배,
몰게 될 자동차, 그때쯤이면 모았을 자금 등 아주 자세하게 적어
야 한다.

① **소울메이트**: 남은 인생을 누구와 같이 보내고 싶은가? 당신의 소울메이트는 어떤 사람인가? 그 소울메이트는 긍정적이고 열정적이고 행복하며 삶에서 성공을 갈구하는가? 당신의 소울메이트가 정확히 누구이고, 어떤 사람인지를 묘사해보라. 어떻게 생겼으며, 생계를 어떻게 유지하는지, 친구들은 어떤 사람들인지, 성격은 어떤지를 기술해야 한다. 여생을 함께할 이 사람의 아주 세세한 부분까지 다 기술하라.

② **직업**: 이상적인 직업은 무엇인가? 돈은 얼마나 버는가? 어떤 종류의 사람들과 함께 일하는가? 당신이 꿈꾸는 직장에서의 하루는 어떤 모습일까? 꿈꾸는 일을 하려면 얼마나 낭만적인 곳이어야 하는가? 그 완벽한 직업을 가진 당신은 어떤 역량을 쌓는가?

③ **건강**: 몸무게가 얼마나 나가기를 원하는가? 당신의 체형은 어떤가? 건강을 유지하기 위해 무엇을 하는가? 건강과 날씬한 몸을 유지하기 위해 어떤 음식을 먹는가?

④ **집**: 이상적인 집은 어떤 모습인가? 어디에 사는가? 집은 얼마나 큰가? 집값은 얼마나 나가나? 방은 몇 개 있는가? 그 방들을 묘

사해보자. 집 주변과 이웃에 대해서도 써보자. 하나도 빼지 말고 기술해야 한다.

⑤ **활동:** 이상적인 삶에서 매일, 매 주말, 휴가 때 어떤 활동을 하는가? 취미나 부업이 될 수도 있고, 당신이 열정을 지니고 있는 활동이 될 수도 있다.

⑥ **물건:** 어떤 물건을 소유하고 있는가? 어떤 장난감을 가지고 있는가? 어떤 차를 운전하는가? 차고 있는 손목시계는 어떤 모양인가? 옷은 어떤가? 돈은 얼마나 갖고 있는가? 어떻게 투자하는가?

⑦ **큰 그림:** 마지막 전략은 이 모든 것을 한데 모으는 것이다. 이상적인 삶에 대해 기술해보자. 구체적인 것을 생략해서는 안 된다. 완벽한 삶에서 원하는 특정한 사람, 직업, 건강, 집, 장난감, 돈 그리고 성취한 목표들을 구체적으로 밝혀야 한다. 이 큰 그림은 삶의 청사진이 될 것이며, 목적지에 대한 분명한 그림을 보여줄 것이다.

내가 꿈꾸는 미래를 기술하는 과정은 '큰 그림'을 그리는 것이다. 큰 그림을 확정했다면, 다음 단계는 큰 그림을 참고해 자신의 꿈과 소망 전부를 리스트로 만드는 것이다. 당신이 버는 돈, 사는 집, 가지고 있는 보트 등의 항목을 나열해보자. 이런 구체적인 항목들이 바로 당신이 바라는 것, 당신의 꿈을 나타내는 것이다. 꿈과 소망 리스트는 당신의 꿈과 관련된 구체적인 목표를 만드는 발판이 될 것이다.

[꿈과 소망 리스트]

-
-
-
-
-
-
-
-
-
-
-
-
-
-

목표를 위해
무엇을
할 것인가?

● 흔히 꿈을 실현하는 일을 집을 짓는 데 비유하곤 한다. 집을 짓기 위해서는 먼저 설계도를 그려야 한다. 집의 모든 요소는 설계도에 명확히 드러나야 한다. 부엌, 욕실, 거실, 침실 그리고 집에 있어야 할 모든 것이 당신의 집을 구성하는 요소다.

이상적이고 행복하고 성공적인 삶을 구축하는 것도 다르지 않다. 모든 과정이 동일하다. 삶의 설계도에 나와 있는 항목들은 완벽한 삶을 구성하는 요소다. 원하는 직업(생계를 위해 하고 싶은 일), 살고 싶은 곳, 삶을 공유하고 싶은 인생의 파트너, 여행 가고 싶은 곳, 축적하고 싶은 부 등이다. 이런 것들을 꿈이라고 말한다. 모든 꿈을 확실하게 규명해야 이상적인 삶으로 나아갈 수 있다. 그리고 꿈을 모두 합치면 삶의 설계도가 된다.

목표는 함께 꿈을 건설할 팀이다. 꿈 하나하나를 이루기 위한 목표를 설계하는 것이다. 하나의 꿈을 현실화하기 위해 1개, 5개 또는 10개의 목표를 실현해야 할 수도 있다. 그 목표들을 모두 달성할 때만 꿈과 소망도 현실이 된다. 그러기 위해서는 스스로에게 2가지 질문을 던져야 한다.

'내 꿈을 실현하기 위해 나는 무엇을 해야 하는가?'
'그것을 수행할 능력이 나에게 있는가?'

목표는 당신이 성취할 능력이 있고 실제로 행동할 때만 의미가 있다. 예를 들어, 올해 2억 원을 벌겠다는 소망이 있다면, 2억 원을 벌기 위해 무엇을 해야 할 것인가? 2억 원을 벌기 위해 올해 성취해야 하는 활동은 구체적으로 무엇인가? 텔레마케팅을 더 많이 해야 하는가? 교육을 더 많이 받아야 하는가? 당신이 종사하고 있는 업계에서 특정한 자격증을 딸 것인가? 제공하는 제품을 늘릴 것인가?

그런 다음 이런 일을 할 수 있는 능력이 있는지 스스로에게 물어

봐야 한다. 행동을 취하는 데 필요한 지식과 기술을 가지고 있는가? 가지고 있다면, 당신이 이제부터 해야 하는 모든 일이 목표가 된다. 만약 능력이 없다면 목표를 추구하기 전에 능력부터 키워야 한다.

당신이 영업사원이고 연소득 5천만 원을 더 늘리고 싶다고 해보자. 여기서 5천만 원은 꿈이 된다. 꿈을 실현하기 위해, 5천만 원을 현실로 만들기 위해 무엇을 해야 하는가? 하나하나 나누어 생각해보자.

- 평균 매출은 얼마인가? 답: 500만 원
- 매출 건당 당신이 받는 수수료는 얼마인가? 답: 50만 원
- 5천만 원이 되려면 얼마나 많은 매출을 올려야 하는가? 답: 100건
- 매출을 늘리려면 어떤 방법을 사용하는가?

  답: 전화를 거는 것이 가장 좋은 방법
- 매출로 이어지기 위해 얼마나 많은 전화를 걸어야 하는가? 답: 5통
- 잠재고객에게 판매하기 위해 얼마나 많이 만나야 하는가? 답: 4번
- 5천만 원을 벌려면 잠재고객을 얼마나 많이 만나야 하는가? 답: 400번
- 400번의 미팅을 성사시키려면 얼마나 많은 전화를 걸어야 하는가?

  답: 2000통
- 1년 동안 일하는 날은 얼마나 되는가? 답: 250일

• 400번의 미팅, 100번의 판매성공, 5천만 원의 추가 소득을 위해서는 하루 몇 통의 전화를 해야 하는가? 답: 하루 8통

5천만 원을 더 벌기 위해서는 매일 8통의 전화를 해야 한다. 목표를 이루기 위해 필요한 활동을 일과에 넣자. 매일 그 일을 하다 보면, 그게 바로 습관이 된다. 하루에 8통의 전화를 할 수 있는가? 답이 '그렇다'라면 이제 하루에 8통의 전화를 하는 것이 당신의 습관이 된다.

목표와 관련된 습관을 길러야 한다. 습관이 되면 자동으로 일을 하게 되기 때문에 습관은 목표를 성취하는 데 드는 수고를 덜어준다. 각각의 습관을 해야 할 일 목록에 집어넣고 그것을 제대로 하고 있는지 확인해야 한다. 성공한 사람들은 그렇게 한다. 이들은 성공을 자동화한다. 습관을 통해 매일 자연스럽게 성공으로 향하는 것이다.

내 습관을
파악해보자

● 습관을 바꾸려면 나쁜 습관을 먼저 제거한 다음에 좋은 습관을 추가해야 한다. 목표는 자신의 습관 시소를 올바른 방향으로 기울게 하는 것이다. 그러려면 먼저 내가 현재 가지고 있는 습관을 인식하고, 그다음에 그 습관이 좋은 것인지 나쁜 것인지 알아내야 한다.

일어나서 잠들 때까지 모든 습관을 추적해보자. 이틀만 추적하면 된다. 일을 하는 날을 추적하는 것이 좋다. 대부분의 습관은 스트레스를 받는 동안 촉발되기 때문이다. 직장은 스트레스의 가장 흔한 공급원이다.

다음과 같이 하루를 돌아보며 습관 인식표를 작성해보자.

[(예)습관 인식표]

1	8시 기상, 하루 일과 시작
2	버터 바른 빵을 먹고 커피 마시기
3	커피 마시면서 담배 한 개비 피우기
4	샤워하고 출근 준비
5	개인 차로 출근. 출근하는 동안 담배 한 개비 피우기
6	출근하는 동안 음악 또는 라디오 토크쇼 청취
7	출근하자마자 이메일과 음성 메일 체크
8	이메일과 음성 메일에 우선 답장하기
9	업무
10	15분간 휴식하며 동료들과 잡담하기
11	오전에 들어오는 이메일과 전화에 답하기
12	패스트푸드점에서 동료들과 점심 먹기
13	점심 먹으면서 동료들과 잡담하기
14	오후 업무
15	오후에 들어오는 이메일과 전화에 답하기
16	휴식, 동료들과의 잡담, 15분간의 휴식 동안 담배 한 개비 피우기
17	오후 5시 퇴근
18	퇴근하는 동안 음악, 뉴스, 또는 라디오 청취
19	저녁 식사, 맥주 또는 와인 몇 잔 마시기
20	3시간 동안 TV 시청
21	1시간 또는 그 이상 SF소설 읽기
22	오후 11시에서 11시 30분 사이에 취침

이제 나의 습관을 추적해서 나만의 습관 인식표를 만들어보자.

[나의 습관 인식표]

1	
2	
3	
4	
5	
6	
7	
8	
9	
10	
11	
12	
13	
14	
15	
16	
17	
18	
19	
20	
21	
22	

내 습관을
평가해보자

● 습관을 바꾸는 다음 단계는 현재 내가 가지고 있는 습관을 평가하는 것이다. 좋은 습관에는 플러스(+) 표시를, 나쁜 습관에는 마이너스(-) 표시를 하면 된다. 다음은 그 예다.

[(예)습관 평가표]

1	8시 기상, 하루 일과 시작	-
2	버터 바른 빵을 먹고 커피 마시기	-
3	커피 마시면서 담배 한 개비 피우기	-

4	샤워하고 출근 준비	-
5	개인 차로 출근. 출근하는 동안 담배 한 개비 피우기	-
6	출근하는 동안 음악 또는 라디오 토크쇼 청취	-
7	출근하자마자 이메일과 음성 메일 체크	-
8	이메일과 음성 메일에 우선 답장하기	-
9	업무	+
10	15분간 휴식하며 동료들과 잡담하기	-
11	오전에 들어오는 이메일과 전화에 답하기	-
12	패스트푸드점에서 동료들과 점심 먹기	-
13	점심 먹으면서 동료들과 잡담하기	-
14	오후 업무	-
15	오후에 들어오는 이메일과 전화에 답하기	-
16	휴식, 동료들과의 잡담, 15분간의 휴식 동안 담배 한 개비 피우기	-
17	오후 5시 퇴근	-
18	퇴근하는 동안 음악, 뉴스, 또는 라디오 청취	-
19	저녁 식사, 맥주 또는 와인 몇 잔 마시기	-
20	3시간 동안 TV 시청	-
21	1시간 또는 그 이상 SF 소설 읽기	-
22	오후 11시에서 11시 30분 사이에 취침	-

[습관 평가표]

1	
2	
3	
4	
5	
6	
7	
8	
9	
10	
11	
12	
13	
14	
15	
16	
17	
18	
19	
20	
21	
22	

습관 평가표는 습관을 바꾸는 출발점이 될 것이다. 자기 습관 대부분이 나쁜 습관이라고 걱정할 필요는 없다. 이 연습의 목적은 나쁜 습관을 인식하는 것이기 때문이다. 습관을 바꾸는 첫 번째 단계는 인식이다. 어떤 습관이 자신의 발목을 잡고 있는지 안다는 것은 삶을 바꾸는 데 필요한 정보를 가지는 것이다.

불행히도 대부분 이 단계를 생략하고 바로 새로운 습관을 추가하는 단계로 뛰어든다. 해가 바뀔 때마다 새롭게 결심을 하지 않는가! 자기가 이미 가지고 있는 습관들은 인식하지도 못한 채 말이다. 사실 이 습관들이야말로 삶의 기초가 되는 것이다.

부자습관
체크리스트

● 내가 가진 좋은 습관과 나쁜 습관을 모두 알아냈다면 이제 나만의 부자습관 체크리스트를 만들어야 할 시간이다. 이 체크리스트는 새로운 일과에 포함될 것이다. 습관을 바꾸는 것도 하나의 과정이다. 시간이 걸린다는 뜻이다.

1주차 : 아침습관

가장 좋은 접근 방법은 간단한 습관 몇 개를 바꾸는 것에 집중하는 것이다. 1주차에는 앞으로 7일 동안 만들고 싶은 아침습관을 써보자. 다음은 그 예다.

오늘 아침 6시에 일어났다.
오늘 아침 30분 동안 책을 읽으면서 공부를 했다.
오늘 아침 30분 동안 운동을 했다.
오늘 아침 해야 할 일 리스트를 만들었다.
출근하는 동안 오디오북이나 팟캐스트를 들었다.
오늘 아침 정크푸드는 전혀 먹지 않았다.
오늘 아침 이메일을 반복적으로 확인하지 않았다.
오늘 아침 내 개인적인 목표와 관련된 3가지 일을 했다.

부자습관 TIP : 나의 연구에 등장하는 부유하고 성공한 사람들의 44%가 하루 일과를 시작하기 적어도 3시간 전에 일어났다. 아침 시간은 자기계발을 위한 독서, 운동을 하고 목표를 추구하고 열정을 좇고 하루를 계획하거나 글쓰기, 부업, 야간학교 수업준비 등 다른 활동에 썼다. 아침 시간은 매일 자신에게 하는 투자가 된다.

이제 나만의 아침습관 체크리스트를 만들어보자.

1주차 : 아침	일	월	화	수	목	금	토

앞으로 7일 동안 이 표가 나만의 맞춤형 습관 체크리스트가 된다. 매일 부유해지는 새로운 습관을 행했는지 V자로 표시하자. 이렇게 체크리스트를 만들면 새로운 아침습관을 들여야 한다는 책임감이 강해진다. 7일이 지나면 이 습관들은 뿌리를 내리게 된다. 새로운 습관을 하나씩 반복할 때마다 당신의 뇌 안에서 시냅스를

만들고 이 시냅스는 점점 더 강해질 것이다.

새로운 습관의 30% 이상에 V 표시를 하게 되었다면 스스로 잘했다고 칭찬해주자. 일상의 습관을 조금만 바꿔도 삶에 지대한 영향이 미친다는 것을 이해하는 것이 중요하다.

2주차 : 낮습관

최소 7일 동안 아침 체크리스트를 따라 했으면 이제 다음 단계로 넘어가보자. 동일한 과정으로 낮의 습관을 바꿔보는 단계다. 다음 예를 보자.

[부자습관 체크리스트 - 2주차 : 낮]

점심시간에 30분 동안 공부를 하기 위해 책을 읽거나 목표와 관련된 일을 했다.
점심시간이나 오후에 동료들과 잡담을 하지 않았다.
점심시간이나 오후에 정크푸드를 전혀 먹지 않았다.
오후 1시~2시에 이메일·음성 메일을 확인하고 답을 했다.
퇴근하는 동안 오디오북이나 팟캐스트를 들었다.
오늘 오후에 커피 대신에 물을 한 잔 마셨다.
오늘 오후에 안부 전화, 생일 축하 전화, 경조사 축하 전화를 했다.
오늘 오후에 내 개인적인 목표와 관련된 2가지 일을 했다.

부자습관 TIP : 내 연구에 나오는 부유한 사람들의 63%가 출퇴근 길에 오디오북이나 팟캐스트를 들었다. 가난한 사람들의 95%는 같은 시간에 라디오 토크쇼나 음악을 들었다. 부유한 사람들의 79%는 담배를 피우지 않았던 반면, 가난한 사람들의 46%는 흡연을 했다. 잡담은 거의 항상 부정적이다. 부유한 사람들의 94%는 잡담을 하지 않았던 반면, 가난한 사람들의 79%는 매일 잡담을 했다. 부유한 사람들의 70%는 하루에 정크푸드를 300kcal 이하로 먹는 반면, 가난한 사람들의 97%는 300kcal 이상 먹었다. 부유한 사람들은 이메일과 음성메일에 답하는 데 일정 시간을 정해놓았다. 이렇게 함으로써 이들은 생산성을 높이는 데 집중할 수 있었고, 일에 방해받지 않을 수 있었다. 반면 가난한 사람들은 하루 종일 이메일과 음성메일에 답장을 했다.

나만의 낮습관 체크리스트를 만들어보자.

2주차 : 낮	일	월	화	수	목	금	토

이제 다시 최소 7일을 투자해 새로운 낮습관을 들이자. 일과에 이 새로운 낮습관을 집어넣는 동시에 아침습관도 계속 유지해야 한다. 새로운 아침 습관과 낮습관을 합쳐놓아도 된다.

3주차 : 밤습관

이렇게 다시 7일이 지나고 나면, 3단계에 진입할 준비가 된 것이다. 3단계에서는 일과에 새로운 밤습관을 더하게 될 것이다. 새로운 밤습관을 만들기 위한 출발점은 역시 습관 인식표가 될 것이다. 다음 예를 보자.

[부자습관 체크리스트 – 3주차 : 밤]

오늘 밤 TV를 3시간 이하로 시청했다.
오늘 밤 재미로 인터넷을 보는 시간이 1시간 이하였다.
꿈과 목표를 추구하거나 부업이나 시장성 있는 기술을 발전시키는 데 1시간 이상을 썼다.
오늘 밤 지인, 비영리 단체 또는 사업에 관련된 사람들을 만났다.
오늘 밤 내 아들이 속한 스포츠팀에 코치를 해주었다.
오늘 밤 공부를 위해 30분 동안 책을 읽었다.
오후 10시 이전에 잠자리에 들었다.

부자습관 TIP: 내 연구에 등장하는 부유한 사람들의 67%는 매일 1시간 이하로 TV를 시청했던 반면, 가난한 사람들의 77%는 매일 1시간 이상 TV를 시청했다. 부유한 사람들의 63%는 재미로 인터넷을 하는 시간이 하루에 1시간 이하였던 반면, 가난한 사

람들의 74%는 페이스북, 유튜브, 트위터 같은 곳을 돌아다니며 재미로 인터넷을 하는 시간이 하루에 1시간 이상이었다. 부유한 사람들의 62%는 목표를 추구하기 위해 매일 시간을 투자한 반면, 가난한 사람들은 6%만 그렇게 했다. 매일 밤 최소 7~8시간의 수면은 건강에 필수적이다. 특히 뇌 건강에 그렇다. 부유한 사람들은 약 7시간 30분을 잔 반면, 가난한 사람들은 7시간 이하를 잤다.

이제 다음 장에서 나만의 밤습관 체크리스트를 만들어보자.

3주차 : 밤	일	월	화	수	목	금	토

이번에도 최소 7일을 투자해 새로운 밤습관을 들이자. 아침습
관, 낮습관을 계속해서 진행하면서 새로운 밤습관을 일과에 집
어넣자.

습관 통합하기

당신의 모든 새로운 습관들을 합쳐놓을 수도 있다. 다음 표에 모
든 습관을 작성하면 된다.

[부자습관 체크리스트]

통합	일	월	화	수	목	금	토

통합된 부자습관 체크리스트가 완성되면 매일 이것을 보며 책
임감을 가지고 생활해야 한다. 뇌의 입장에서 습관은 일종의 투
자이기 때문에 어떤 습관이든 처음 형성되는 단계에서는 뇌가 귀
중한 연료를 투자해준다. 이 습관들은 자신의 성장과 행복을 위
한 투자가 된다.

습관을 만드는 과정은 집을 짓는 것과 같다. 집을 짓는 데는 많은 노동력이 투여되지만 일단 집이 완성되면 일은 끝난다. 그 이후부터는 유지가 중요하다. 습관도 마찬가지로 일단 한번 형성되면 힘든 일은 끝나는 것이다. 그 이후부터는 습관을 유지하는 것이 중요하다.

시간이 지나면 당신의 새로운 습관들은 자동으로 작동하게 될 것이다. 의지력이나 생각이 필요 없어지는 것이다. 부자습관을 산비탈에 내리는 눈송이라고 생각하자. 시간이 지나면서 이 눈송이는 산더미처럼 쌓일 것이다. 하루하루 얼마나 쌓이는지 알긴 힘들겠지만, 어느 순간에 이 눈송이들이 산사태를 일으킬 것이다. 성공의 산사태다! 그 산사태는 보너스, 연봉 인상, 승진, 더 좋은 직장, 큰 고객이 될 수 있고 건강이나 행복도 될 수 있다.

습관을 더 빨리
바꾸는 방법

● 런던대가 96명을 대상으로 실시한 한 유명한 연구에 따르면, 습관을 형성하는 데는 18일에서 254일이 걸리며, 평균 66일이 걸린다. 습관이 되는 데 더 많은 시간이 필요한 복잡한 행동도 있지만 덜 복잡한 행동은 며칠 만에 형성될 수도 있다.

이 연구는 습관이 여러 가지 형태, 크기, 색조로 형성된다는 점을 확인했다. 얼마나 복잡한 습관인지, 우리 생활에 얼마나 영향을 주는지가 다 다르다. 어떤 습관은 우리 삶에 더 큰 영향을 준다. 강력한 습관 하나가 덜 강력한 습관 서너 개보다 더 큰 영향을 줄 수 있다. 예를 들어 흡연이라는 나쁜 습관은 매일 운동하고 건강하게 먹는 좋은 습관을 뛰어넘는 영향을 줄 수 있다.

누가 새로운 습관을 들이기 위해 254일 동안이나 기다리겠는가? 나는 그렇게 하고 싶지 않다. 솔직히 254일이 지옥이나 다름없을 것이다. 그렇기 때문에 새해 결심은 얼마 가지 못한다. 뇌는 결국 당신을 옛날 습관으로 되돌려놓는다. 우리가 습관을 버리려고 하거나 변화시키려고 하면 뇌는 거기에 맞서 싸운다. 그래서 습관은 바꾸기가 아주 어렵다. 뇌는 우리가 습관을 바꾸려고 할 때마다 우리와 전쟁을 벌인다.

하지만 습관을 쉽게 바꾸는 방법은 있다. 뇌를 속이는 것이다. 습관을 빨리 바꿀 수 있는 6가지 지름길을 이용하면 습관을 더 쉽고 더 빠르게 바꿀 수 있고 의지력도 덜 요구될 것이다.

1. 습관 결합하기

현재의 습관을 선로 위의 기차로 생각해보자. 뇌에는 신경 통로가 선로처럼 펼쳐져 있고 그 위를 습관이라는 기차가 다니고 있다. 여기에 새로운 습관을 마치 새 승객인 것처럼 똑같은 기차에 넣으면, 뇌는 저항하지 않을 것이다. 기차나 선로를 통제하려고 하는 게 아니기 때문이다. 그냥 기차를 타고 가는 것뿐이다. 오래된 습관이 새로운 습관을 위협으로 인식하지 않으면 새로운 습관이 형성되는 것을 막지 않는다.

그럼 구체적으로 어떻게 하는지 예를 들어보겠다. 매일 30분씩 책을 읽는 새로운 부자습관을 추가하고 싶다고 하자. 또한 매일 30분 동안 운동기구를 이용해 운동하는 오래된 습관을 가지고 있다고 가정해보자. 두 습관을 어떻게 결합할까? 운동기구 위에 책을 올려놓고 운동을 하면서 책을 읽는 것이다. 그렇게 하면 오래된 습관과 결합된 새로운 습관을 즉각 형성할 수 있다. 이때 습관을 촉발하는 계기는 운동기구 위의 책이 될 것이다.

다른 예를 들어보자. 매일 커피를 마시는 오래된 습관이 있는데, 매일 물 한 잔을 마시는 새로운 습관을 들이고자 한다면, 커피 잔을 정수기 위나 싱크대 또는 냉장고 안에 넣어두면 된다. 뇌가 커피를 마실 시간이라고 알려주면 당신은 가장 먼저 커피 잔을 찾을 것이다. 이때 커피 잔은 물을 마셔야 한다는 걸 일깨워줄 것이다. 이처럼 결합된 습관을 들이는 것은 며칠이면 된다.

2. 연상법칙 만들기

어떤 사람을 보면 오래된 습관이 촉발되는 경우가 있다. 따라서 오래된 나쁜 습관을 없애려고 한다면 나쁜 습관을 일으키는 사람을 연상하지 말고 좋은 습관을 가진 사람을 연상해야 한다.

지인들, 비영리 단체, 직장동료를 비롯해 비슷한 목표를 추구하고 있는 그 어떤 집단에서도 이런 사람들을 찾을 수 있다. 예를 들어, 당신의 새로운 목표가 책을 더 많이 읽는 것이라면 정기적으로 모이는 독서클럽에 가입해 토론할 수 있다. 혹은 달리기, 조깅 등 운동을 하는 사람들을 찾아 같이 운동을 시작할 수도 있다.

관심을 가져보면 같은 습관을 가진 사람이 의외로 많다는 것을 알게 될 것이다. 멀리서 찾을 필요도 없이 당신 주변에 있다. 습관을 바꾸려는 결정을 한 다음에야 이들이 보인 것뿐이다.

3. 환경 바꾸기

환경이 바뀌면 오래된 습관을 버리고 새로운 습관을 들이기가 훨씬 쉬워진다. 새로운 집, 새로운 친구들, 새로운 직장, 새로운 동료, 새로운 도시 등은 모두 새로운 습관을 형성할 수 있는 기회가 된다.

환경이 바뀌면 당신은 매일 새로운 생각을 할 수밖에 없다. 수저 하나도 예전에 있던 곳에 있지 않을 것이고, 당신은 생각을 해야만 한다. 출근길이 달라지면 생각을 해야 한다. 직장에서의 책임이 달라지면 생각을 해야 한다. 결국 당신의 뇌는 더 쉽게 일하기 위해 새로운 환경에서 새로운 습관을 만들 수밖에 없다.

4. 작게 시작하기

작은 습관부터 시작하면 습관을 바꾸기가 훨씬 쉬워진다. 거의 노력이 들지 않는 습관을 추가하는 것이다. 하루에 더 많은 물을 마시기, 비타민 보충제 섭취하기, 출근길에 오디오북 듣기 등을 예로 들 수 있다. 여기에는 현재의 나쁜 습관을 줄이는 것도 포함된다. 흡연 횟수를 줄이거나 매일 TV 보는 시간을 30분 줄이거나, 페이스북이나 인터넷을 하는 시간을 하루 1시간 이하로 줄이는 것처럼 쉬운 일부터 시작해보자.

작고 쉬운 습관일수록 한번 바꾸면 유지될 확률이 크다. 작은 습관을 바꾸면 습관 바꾸기에 가속이 생기고 자신감도 붙는다. 이렇게 하면 나중에는 더 크고 복잡한 습관도 바꿀 수 있다.

5. 새로운 습관을 일과에 넣기

내 연구에 등장하는 자수성가한 백만장자들의 67%는 해야 할 일 목록을 계속해서 작성한 사람들이었다. 해야 할 일 목록은 내 삶에 성공을 집어넣는 방법이다. 자수성가한 백만장자들의 요령 중에는 좋은 습관을 해야 할 일 목록에 집어넣는 것이 있었다. 그러면 해야 할 일 목록에 좋은 습관이 매일 자동으로 나타나기 때문에 책임감이 들 수밖에 없다. 매일 새로운 습관을 들여야 한다는 책임을 느껴야 한다. 그 습관들이 간단한 습관이라면 몇 주만 지나면 해야 할 일 목록에 집어넣을 필요가 없게 된다. 습관이 되어버렸을 것이기 때문이다. 이런 식으로 해야 할 일 목록을 이용해 새로운 일상의 습관들을 추가할 수 있다.

6. 나쁜 습관 차단하기

당신과 나쁜 습관 사이에 일종의 방화벽을 쳐서 나쁜 습관에 빠지기 어렵게 만드는 것이다. 예를 들어, TV를 보면서 밤 늦게 정크푸드를 먹는 습관이 있다고 치자. 정크푸드를 먹는 이유는 냉장고에 정크푸드가 있기 때문이다. 냉장고에 정크푸드가 없다면 먹을 수 없을 것이다. 그러므로 냉장고에 정크푸드를 쌓아놓지 말고, 대신 건강에 좋은 간식을 쌓아놓으면 된다.

여기서 습관은 정크푸드를 먹는 게 아니라 TV를 보면서 간식을 먹는 것이다. 정크푸드를 없애더라도 앉아서 TV를 볼 때가 습관을 일으키는 순간이기 때문에 자연히 간식을 찾을 것이다. 다만 이제부터 간식을 다른 것으로 대체하면 된다. 건강에 좋은 간식이 가장 좋지만 최소한 저칼로리의 대체물을 찾아야 한다.

또 다른 나쁜 습관은 저녁을 먹고 나서 페이스북을 몇 시간 동안이나 하는 것이다. 이 습관을 차단하는 방법은 컴퓨터를 끄거나 컴퓨터를 창고로 옮기거나, 인터넷을 끊어버리는 것이다. 의지력은 보통 하루가 끝날 때 가장 약해진다. 의지력이 약한 경우 이렇게 하기를 권한다. 이렇게 하면 나쁜 습관을 계속하는 데 상당한 노력이 필요하기 때문에 결국 나쁜 습관을 끊게 될 것이다.

모든 습관은
바꿀 수 있다

● 지금까지 부자가 되는 습관에 관한 연구를 여러분과 공유했다. 부유한 사람들이 공통으로 가진 습관이 있고, 가난한 사람이 공통으로 가진 습관이 있다는 것을 알게 되었을 것이다. 그리고 부자습관 쪽으로 시소가 기울도록 지금 당장 시작해야 한다고 느꼈기를 바란다. 마지막으로 8가지 핵심을 다시 한 번 강조한다.

① 습관은 모든 활동, 일상의 생각과 선택, 우리가 내리는 일상적인 결정의 40%를 차지한다.

② 일반습관은 다른 습관에 영향을 주지 않는다. 핵심습관으로 알려진 복잡한 습관보다 들이기도 쉽고 바꾸기도 쉽다.

③ 핵심습관은 독특한 습관이다. 일반습관에 영향을 주기 때문이다. 핵심습관은 일반습관에 도미노 효과를 일으킨다. 가장 강력한 유형의 습관이라 들이기도 어렵고 없애기도 어렵다.

④ 습관에는 결과가 따른다. 습관은 부, 가난, 행복, 슬픔, 스트레스, 좋은 인간관계, 나쁜 인간관계, 좋은 건강, 나쁜 건강의 원인이다. 습관은 우리도 모르는 사이에 우리의 삶에 영향을 미친다.

⑤ 대부분의 습관은 부모에게서 물려받는다. 습관은 대물림을 한다. 한 세대에서 다음 세대로 이어진다는 의미다.

⑥ 부유한 사람들은 가난해지는 습관보다는 부유해지는 습관을 훨씬 더 많이 가지고 있다.

⑦ 가난한 사람들은 부유해지는 습관보다는 가난해지는 습관을 훨씬 더 많이 가지고 있다.

⑧ 모든 습관은 바꿀 수 있다.

연구를 하며, 또 이 책을 준비하며 새삼 느낀 점은, 주변 사람의 도움 없이는 의미 있는 성과를 얻을 수 없다는 것이다. 지난 11년 동안 '부자들의 습관'에 관한 여정을 하면서 나는 멋진 사람을 많이 만날 수 있었다. 마치 동료처럼 느껴지는 사람들이다. 이들은 '부자들의 습관'에 관한 내 연구에 빛을 비춰주었다. 말 그대로 그들은 나를 동굴에서 꺼내주고 나에게 마이크도 주었다.

〈석세스Success〉 매거진의 대런 하디는 친절하게도 2014년 11월호에 내 인터뷰를 실어주었다. 덕분에 이제 거의 30만 명이 내가 누구인지, 내 연구가 어떤 내용인지 잘 알고 있다. 대런에게 감사를 표한다.

〈비즈니스 인사이더Business Insider〉의 리비 케인은 나의 든든한 응원군이 되어주었다. 리비는 '부자들의 습관' 연구를 수많은 〈비즈니스 인사이더〉 독자들과 공유할 기회를 주었다. 나에게 문을 열어주고 기회도 마련해준 리비에게 감사한다. 그의 큰 지지에 고마움을 표하고 싶다.

내 책을 출판해온 힐크레스트 미디어는 이번 책을 훌륭하게 편집해주었다. 열정을 가지고 내 책을 베스트셀러로 만들어주고 상도 타게 해준 힐크레스트의 모든 직원과 헌신적인 경영진에게도 감사를 드린다. 힐크레스트의 모든 노고에 거듭 감사를 표한다.

파울라 안드레아에게도 고마움을 전하고 싶다. 그녀의 피드백 덕분에 나 자신을 점검하고 책을 개선할 수 있었다. 파울라는 많은 시간을 기울여 내 책을 검토해주었다. 특히 경제적 성공 부분에 많은 의견을 제공했다. 파울라에게 감사를 전한다.

[부록] 부자습관 관리표

현재 체중	
목표 체중	
최종 체중	
칼로리 목표	

일시	요일	체중	심장강화 운동(분)	헬스클럽 운동(분)	아침 식사 칼로리	점심 식사 칼로리	저녁 식사 칼로리	일일 섭취 칼로리	월간 누적 칼로리	평균 칼로리

월	심장강화 운동일수	분	헬스클럽 운동일수	평균 칼로리	체중 (감소/증가)	현재 체중	최종 체중
1월							
2월							
3월							
4월							
5월							
6월							
7월							
8월							
9월							
10월							
11월							
12월							

⚡

습관이
답이다

3판 1쇄 인쇄 2023년 12월 5일
3판 1쇄 발행 2023년 12월 26일

지은이 톰 콜리
옮긴이 김정한
펴낸이 여종욱

책임편집 조창원
디 자 인 NURI

펴낸곳 도서출판 이터
등 록 제2016-000148호
주 소 서울시 영등포구 선유로33길 2-2
전 화 032-746-7213 **팩 스** 032-751-7214 **이메일** nuri7213@nate.com

한국어 판권 ⓒ 이터, 2023, Printed in Korea.

ISBN 979-11-89436-45-2 (03190)
책 값 15,000원